中共浙江省委书记夏宝龙对全省大学生文明寝室建设工作的重要批示：这件事要好好总结，而且要坚定不移地抓下去，小小寝室，反映学生教育的万千气象。

ONE ROOM HARBOURING MY LOVE

一室寓我情

刘奇◎主编

浙江工商大学出版社
ZHEJIANG GONGSHANG UNIVERSITY PRESS

图书在版编目（CIP）数据

一室寓我情 / 刘奇主编. — 杭州:浙江工商大学出版社，2016.5(2016.6 重印)

ISBN 978-7-5178-1612-6

Ⅰ. ①一… Ⅱ. ①刘… Ⅲ. ①高等学校—集体宿舍—管理—浙江省 Ⅳ. ①G647.4

中国版本图书馆 CIP 数据核字（2016）第 078588 号

一室寓我情

刘　奇 主编

责任编辑 王黎明
责任校对 张春琴
装帧设计 林朦朦
责任印制 包建辉
出版发行 浙江工商大学出版社
（杭州市教工路 198 号　邮政编码 310012）
（E-mail：zjgsupress@163.com）
（网址：http://www.zjgsupress.com）
（电话：0571-88904980　传真：0571-88831806）
印　　刷 杭州五象印务有限公司
开　　本 787mm×1092mm　1/16
印　　张 13.5
字　　数 236 千
版 印 次 2016 年 5 月第 1 版　2016 年 6 月第 2 次印刷
书　　号 ISBN 978-7-5178-1612-6
定　　价 49.00 元

浙江工商大学出版社营销部邮购电话　0571-88904970

编 委 会

主　　编　刘　奇

副 主 编　周武汉　朱建良

编写人员　（按姓氏笔画）

王　静　左凯旋　冯伟明
吕延文　刘　剑　许　栋
孙　勤　李永琪　杨　枫
邱辉明　沃　骏　沈　龙
陆生发　陆国祥　陈迎红
陈国平　陈建革　陈信甫
林海春　林海斌　罗树明
竺　波　周伟忠　单志伟
胡　琦　俞小光　郗蕴超
姜羡萍　姚　峰　姚晓明
夏良明　徐国强　徐恭森
郭宁宁　郭志平　黄兆林
黄宪伟　崔金宝　梁　瑜
董秀成　潘国忠

2012 年 5 月，时任浙江省省长夏宝龙同志在参加全省高校科研成果推介会时指出："寝室是大学生的'第一社会''第二家庭''第三课堂'，是同学们人生开始独立生活的起点，'一屋不扫何以扫天下'，争创整洁、温馨、文明寝室，不仅展示着大学生们昂扬向上的青春风采，更体现着同学们的文明素养和思想境界。"

寝室尽管空间不大，但承载的内容却很丰富，它不仅关系着学生良好学习、生活习惯的养成，也关系着学生正确的世界观、人生观和价值观的形成。一个文明的寝室，不仅应该具备整洁的生活环境，也理应包含着一种温馨、和谐、有序的文化氛围，更孕育着一种广博奋发的思想空间，能够滋养人的心灵、塑造人的品格、培养人的智慧。寝室文化是校园文化的重要组成部分，是大学精神的重要载体，抓文明寝室建设，就是要把寝室从生活空间升华为文化空间和思想空间，从而使寝室成为融思想教育、行为指导、生活休憩、文化熏陶为一体的平台，为学生的成长成才创造一个良好的环境。

近年来，在各级政府、高校管理部门和广大师生的共同努力下，我省文明寝室建设已经取得比较明显的成效。《一室寓我情》一书梳理了近些年我省在创建文明寝室过程中的一系列工作，从建设整洁有序的寝室卫生环境、营造积极向上的寝室文化氛围、健全功能完备的寝室服务体系、完善职责明晰的寝室管理机制等几个方面，盘点了我省高校在创建文明寝室过程中的经验和成绩。点点成绩来之不易，如涓涓细流汇成了一片温暖的港湾，让人感受到各界对大学生成长的真情、真意和真心。通过文明寝室的建设，不仅完善了校园管理，也丰富了大学文化，弘扬了大学精神，对于引导青年学生提升人文素养、增强品德修养、促进文明自觉具有重要的意义。本书不仅是对过去几年我省各高校创建文明寝室过程中介绍的成绩，也为我们下一步巩固成绩，进一步推动文明寝室建设，从而完善新形势下校园管理工作提供了经验和思考。

我们必须持之以恒地推进文明寝室建设，进一步把工作抓实抓细，不仅要把文明寝室建设作为校园文明建设的重要内容来抓，也要把文明寝室建设作为为国家和社会培养合格的社会主义接班人的基础工程来抓，让文明寝室建设成为我省高校人才培养中的一道亮丽风景线。

一脉钱塘江水，多少奋斗不息！古往今来，钱江两岸涌现了多少先贤大儒，弦歌不辍，书声琅琅。青年学生是民族的未来，不仅要让他们在学校里学成专业知识，更要在大学里养成完善的人格，形成科学的思维，从而追比先贤、砥砺前行、奋发有为！

是为序。

中共浙江省委常委、宣传部长 葛慧君

目录 Contents

01 PART 苦口教导用真情

浙江省省长要求高校寝室要干净…………002
夏宝龙到浙江工业大学调研…………005
浙江：文明寝室创建成为高校育人“第二课堂”…………007
为文明寝室创建鼓掌…………010

02 PART 文明创建寓重意

《浙江省普通高等学校学生公寓配置标准》公布…………016
浙江出台高校公寓配置标准，学生有心理咨询室…………021
浙江省全面深化大学生文明寝室建设…………023

03 PART 标准建设齐用心

夯实基础，做好保障…………028
加大资金投入，改善公寓条件…………033
优化硬件设施，保障文明建设…………035
齐力推进四化阳光家园…………036
学生公寓标准化建设六大特色…………040
全力配合做好公寓标准化建设…………043
浙江 62 所高校学生公寓通过配置标准评估验收…………046

04 PART 细抓严管树品行

就得管管大学生的“不叠被子”…………050
助益学生成长的公寓文化…………051
全员全程全方位的育人理念…………055
幸福温馨的社区建设工程…………058
TREES 学工文化与 HOME 家文化…………060
行之有效的学生公寓软环境建设…………062

生动出彩的“五个一”工程……066
中西合璧的学生公寓书院制……071
积极发挥寝室的育人功能……074
助益学生成长的“三色”教育……078
以绿色的理念、红色的主题开展公寓文化建设……078

05 PART

循循指导师长心

院士级别的“新生之友”……082
具体详尽的“三情三记”……083
温馨暖人的“长辈护家”……084
学生寝室的“成长导师”……086
全面覆盖的“寝室之友”……087
公寓管理的网格模式……088
“丁叔”“根叔”的眷眷照应……090
学生公寓里的“阳光俱乐部”……091
系统完善的“家文化工程四部曲”……092

06 PART

文化后勤绿叶情

以“六T”管理为抓手，实现公寓管理服务的精细化……102
构建“绿叶”文化，引领后勤服务……103
树立标杆，快乐服务……105
强化公寓管理，提升服务品质……108
彰显传媒文化特色，提升公寓服务质量……110
打造“家文化”，园区增和谐……114
美化寝室，彰显特色……115
服务育人，方便学生……116

07 PART

我的家园我的情

“我的寝室我的家”——浙江高校文明寝室创建纪事……120
浙江百所高校创建文明寝室……126
大学寝室可以很萌很另类……127
中国美术学院的艺术寝室……128
杭州电子科技大学的原创歌曲《房间》……132

宁波大学的特色活动……132
衢州学院的南孔文化育情致……134
浙江万里学院学生邀请老师到寝室做客……135
浙江外国语学院的公寓楼层长制度……136
浙江水利水电学院的“四个一”寝室文化和“体验式”德育教育……137
浙江同济科技职业学院的“驿站测素质”和“三亮比高低”……140
宁波卫生职业技术学院的“六进社区”教育模式……141
浙江建设职业技术学院的多元素公寓文化……143
浙江工贸职业技术学院主题鲜明的楼幢文化……146

08 PART 寝室文明我放心

用人单位如是说……150
家长如是说……151
毕业生如是说……154
在校学生如是说……156
打造生活德育新模式……157
以文明寝室建设为契机，提升公寓保障水平……161
制度建设走在前……163
创新载体强实效……165
“五和”公寓促成长……167
凝练特色增内涵……172
五个“到位”促建设……173

附录

浙江省委教育工委书记、教育厅厅长刘希平同志在全省高校寝室卫生管理和文明建设工作现场会上的讲话……178
中共浙江省委教育工作委员会 浙江省教育厅关于深入开展学校文明寝室建设的通知……185
浙江省教育厅办公室关于印发《浙江省普通高等学校学生公寓配置标准》的通知……191
浙江省教育厅办公室关于开展高校文明寝室建设督查工作的通知……194
浙江省教育厅办公室关于印发《浙江省普通高等学校学生公寓配置标准评估细则》的通知……196
中共浙江省委教育工作委员会办公室关于学习贯彻落实省委领导重要批示精神进一步抓好高校文明寝室建设工作的通知……200

后记……202

言传身教寓真情

寝室虽小，天地很宽；案头灯下，日月乾坤。

在大学生活中，同学们有差不多三分之二时间在寝室里度过。寝室是同学们的「第一社会」「第二家庭」「第三课堂」。试想，如果寝室内杂乱无章、污浊不堪，在这样的生活环境里走出来的大学生，今后如何担当社会责任，如何成为国家和民族的栋梁？古人云：「一屋不扫，何以扫天下。」

浙江省省长要求高校寝室要干净

2012 年 5 月 16 日　来源：中国新闻网

“我不管别的省，浙江省省长要求寝室要干净。”当浙江省省长夏宝龙拍着桌子说出这句话时，参会众多高校和企业负责人集体鼓掌，会心一笑。

今天，夏宝龙本是出席浙江省高校科研成果面向企业转化推介会，但是这位新上任的一省之长在谈完成果转化后，开始和该省 31 所本科高校和 10 所高职高专院校负责人谈起了学校管理的话题。

“如何加强高校的管理？举个具体例子，我去过一些学校，有些学校学生不让老师进宿舍，因为里面乱得跟狗窝似的。”夏宝龙谈学校管理时并没有谈一些宏观内容，而是细化到一个本该由辅导员或者寝室长去管的事情。

夏宝龙还曾在网络上看到一些视频，学生宿舍乱七八糟，但是这一现象并没有受到舆论批评，学生甚至将此作为一种炫耀，令这位省长十分费解。

最近，网上有两条新闻很热：一个是武汉大学学生写的万言书，从一个学生眼光看现在高校；另一个是一个中学生面向全校师生发言时，言辞犀利地抨击学校教育制度。

夏宝龙也留意了这两个事件，并对在座众多高校校长说：“这些事值得大家反思，我们办学上还有什么样的不足。”

夏宝龙认为，当前大学核心任务是培养人才，但是大学也有三个问题，一是教师，二是教材，三是学校管理。“我们的教材、教师适不适应社会发展，我们的管理适不适应高校发展？这些需要认真思考！”

“我在想，能不能今年下半年一开学，在全省狠抓我们的寝室卫生，从寝室卫生这个角度看学校的管理，看学生的素质。”夏宝龙的这番话令与会人员窃窃私语。

夏宝龙对大学生寝室卫生的关注并非随口一说，他话锋一转：“下学期，全省寝室大评比大检查，我可能亲自去。如果发现寝室很差，就要追究学校校长和党委书记的责任，学生是如何教育的。”话音刚落，与会的校长们纷纷鼓掌。

“寝室卫生问题由来已久，大家也见怪不怪了，如同皇帝的新装，今天夏省长这番话如同那个小孩捅破了这个新装。”一位教育系统人士如是评价。

大家都见怪不怪的小事，在省长眼里却并非小事。他认为，天天生活在狗窝一样的宿舍，是培养不出高素质的学生来的，而且这样的环境对学生的成长，对他的视野都是一种污染。“我不管别的省，浙江省省长要求寝室要干净！”夏宝龙的一番话，再次引发大家的掌声。

高校学生寝室卫生糟糕，在夏宝龙眼里，与老师的责任心有关系。“现在有的老师上课就用一本书，备完课管好几年，平时也不坐班，进门讲课，讲完拍屁股就走，连学生都不认识，这样的老师叫为人师表吗？”他建议，所有老师应与学生宿舍挂钩，寝室出了问题，老师要受责，“让老师去学生寝室，与他们接触，去聊天，在这个过程中去引导和教育孩子。”

“哪个学校寝室卫生抓得好，我率先给你们还账。”长达半个小时的发言里，夏宝龙第三次赢得了校长们的掌声，“寝室卫生弄好了，说明校长用心管理，我就放心了。”

（记者 江 耕）

时任中共浙江省委副书记、浙江省省长，现中共浙江省委书记夏宝龙于2012年5月在全省高校科研成果推介会上提出大学生文明寝室创建活动的工作要求

2012年5月，夏宝龙在杭州电子科技大学视察学生公寓

夏宝龙到浙江工业大学调研

2012 年 9 月 24 日　来源：浙江省教育厅网站

“一屋不扫何以扫天下？寝室是同学们的第一个社会，是第二个家，也是第三个课堂。把寝室文明建设好，就是给自己营造一个和谐的家庭，营造第三个课堂，也是第一次走进社会的实践。”9 月 24 日上午，省委副书记、省长夏宝龙在浙江工业大学调研时说，“一个干净整洁文明的寝室，一定有助于培养出合格的国之栋梁！”

夏宝龙参加了浙江省大学生“我的寝室我的家”文明寝室创建活动启动仪式，深入学生寝室视察，详细听取了浙江工业大学的工作汇报，并亲切地和师生座谈。副省长郑继伟，省政府、省教育厅相关部门负责人陪同调研。

“寝室是一个多么平凡而又似乎没有多少含义的名词，但实际上对同学们意义却十分重大。”夏宝龙仔细观看了浙工大家和东苑男生宿舍楼下展示的照片墙，并根据一楼牌子上对每个寝室做出的“优秀”或者“合格”的评价，走访了“优秀”寝室 102 室和“合格”寝室 104 室，亲切地和学生交谈。夏宝龙说：“当代大学生的风采不仅仅表现在课堂等公众场合，更展示在寝室、食堂、小卖部等日常生活场景中。”

在随后举行的师生座谈会上，夏宝龙亲切地接受师生的提问。大一的新生对大学四年怎么过颇多迷茫，夏宝龙回忆起自己当年“一分钱掰成两半花”的艰辛求学之路，告诉同学们：“到大学里不仅仅是学习知识，更要学会怎么做人。大学一定不是只看书本，要学会自己探求知识，多观察、多实践、多分析、多思考，努力向师生求教，树立自己的奋斗目标，并坚定不移地走下去，最终成长为对国家、对社会有用的人才。”大四的学生对将来的就业前景感到担忧，夏宝龙联想起自己从事第一份教师职业时的情景，现身说法鼓励同学：“天生我材必有用！人生成长道路很漫长，毕业后第一份工作至关重要，但重要的不是我干了什么，而是我在干。毕业以后目标不一定要定得很高，首先要有工作做，从最基础开始。只有经过磨炼，才会成长为真正的人才。”有老师担忧学生缺少产学研结合的机会，夏宝龙赞扬浙工大学生在大学生创业创新上展示出来的风采，表示将大力支持学生科研创新，为学生实践提供平台、生活提供保障……短短的近两个小时座谈，让师生意犹未尽。夏宝龙深厚渊博的学识、精彩幽默的回答、平易近人的风格，使会场响起阵阵掌声，让师生们久久回味。

大学生是早晨八九点钟的太阳。夏宝龙寄语同学们珍惜青春年华，增长知识和才干，努力成长为精神富有的有为青年。

2012 年 9 月，夏宝龙在浙江工业大学视察学生寝室

2014 年 12 月，夏宝龙在浙江传媒学院视察学生公寓

浙江：文明寝室创建成为高校育人“第二课堂”

2014 年 8 月 4 日　来源：新华网

记者近日从浙江省教育厅获悉，该省两年内已投入近 10 亿元用于高校标准化学生公寓建设。截至 2013 年底，已有 62 所高校通过浙江省普通高校学生公寓配置标准评估验收，占全省标准化学生公寓的 86.8%。

2012 年 5 月，时任浙江省省长，现任浙江省委书记夏宝龙在一次参加全省高校会议时就曾指出，寝室是大学生独立生活的起点，“一屋不扫何以扫天下”，“脏乱差”的寝室怎么可能培养出优秀的人才？

为贯彻落实省委、省政府有关工作要求，2012 年 9 月，共青团浙江省委、省教育厅、省学联等联合发起以“我的寝室我的家”为主题的文明寝室创建活动，全省有近 100 所高校、100 万名大学生参与其中。

一年多来，浙江把深化高校文明寝室建设作为年度重要的教育工作，大力推进德育工作生活化。省教育厅先后制订高校学生公寓配置标准及其评估细则，各高校也分别制订、修改、完善各类公寓教育、管理、服务制度 2020 项，安排 4.6 万多名教师联系寝室，干部教师走访学生寝室超过 14 万人次。

据统计，浙江各高校迄今共投入用于改善寝室公寓的资金 8.74 亿元，改造公寓 800 多栋、寝室 8.8 万多间。同时，设立 2205 间公共储藏室，建设公寓学生活动中心、学生事务办理大厅、公寓党团活动室、心理咨询室等服务设施 14.5 万平方米。

如今，浙江许多高校已把学生日常思想教育和管理服务工作的重心从教学区转向生活区，学生公寓由单纯的住宿区变成育人区，通过组织进公寓、服务进公寓和文化进公寓，开展“爱我家”“筑我家”“秀我家”等活动，完善公寓育人机制，将寝室构建成学生成长、文明习惯养成和综合素质提升的重要阵地，成为高校育人的“第二课堂”。

据了解，浙江大学在把学生宿舍评价纳入学生综合素质考评体系的同时，还将文明寝室建设与学生的评奖评优体系直接挂钩，推出“新生之友”寝室联系制度，院士、首席科学家、长江学者、国家杰出青年基金获得者等优秀学者与新生寝室建立联系，开展学业指导、生活帮扶和思想引导。浙江师范大学在学生公寓区先后开设阅览室、宣传栏、温馨书吧、阅报栏等，并创建学生公寓网、编印公寓刊物《家园》，同时依托微博、微信等新媒体开通寝室主题卧谈会，举办文明寝室主题演讲和主题辩论表演等学生喜爱的活动，营造浓郁的生活文化氛围。

在 2013 年召开的浙江省高校文明寝室创建工作推进会上，浙江向全省青年学生发出“做一个高端大气上档次的好室友，建设一个低调奢华有内涵的寝室，成为奔放洋气有深度的新一代”的倡议，并评选出 22 个浙江省文明寝室创建工作先进单位和 1003 个省级文明寝室。

（记者 朱振岳）

2014 年 9 月，葛慧君（右三）在浙江省教育厅厅长刘希平（左四）陪同下视察杭州下沙高教园区学生公寓学习室

2012 年 9 月，浙江省副省长郑继伟（左二）在浙江工业大学视察学生寝室

为文明寝室创建鼓掌

2012年10月18日　来源：《浙江日报》

目前，我省正在开展大学生文明寝室创建活动。这是一件很有意义的事情。

寝室，可以说是大学生的“第一社会”“第二家庭”“第三课堂”，是他们开始独立生活的起点，也是塑造完美人生的基石。学生素质的培养，很多是通过隐性的课程，是通过环境来实现的，学生寝室就是一个重要载体。大学3年或4年，对多数学生来说，近一半时间是在寝室里度过的。寝室不仅是学生睡眠、休息的场所，也是学习的场所、沟通友谊的场所以及娱乐身心的场所，是培育良好习惯、情操乃至品格的重要园地。寝室的环境、氛围、文化，对于大学生成长、成才有着密切的关联。古人说：“一屋不扫，何以扫天下。”养成良好的习惯，保持健康的生活情趣，是每个大学生成长、成才的基础。事实说明，一个寝室卫生状况良好，文明状况也很好，学习氛围也会很好，同学之间的关系也会很融洽。反之，如果一个寝室常年脏、乱、差，那么这个寝室的学生在学习、礼仪、合作精神上也会问题多多。

大学生是创建文明寝室活动的主体。同学们都是寝室的主人，都要从自我做起，从身边的小事做起，从文明修身做起，做到寝室整洁干净，物品放置有序，使寝室成为大家静思的空间、自励的天地，营造“讲卫生、讲文明、讲学习、讲道德、讲理想”的良好氛围。

在创建文明寝室活动中，作为教书育人的教师，不仅要上好课、教好书，而且要在学生品格培养和习惯养成方面做出更多的努力，多与学生交流，多去寝室走走，把学生当作自己的亲人和孩子来对待，更好地担当起为人师表的神圣职责。

作为学校管理工作者，要把文明寝室创建工作作为推进人才培养模式改革的重要组成部分，把创建活动与学生思想政治教育、专业知识学习、寝室文化建设和良好品格培育紧密地结合起来。要转变“寝室卫生是基层具体的小事”的糊涂观念，改进“走马观花”式的浮夸作风，坚持从实处着手，从细处着眼，认真细致地做好这项重要工作。

有一位领导同志说：“一个脏乱差的寝室环境是很难培养出高素质的学生来的。同样，一个连学生寝室都管理不好的学校，也很难想象能够成为一个好学校。”此话含意很深。在创建文明寝室活动中，我们一定要提高认识，一步一个脚印，落实多项措施，让文明寝室创建活动在全省大专院校里绽放鲜艳的花朵，结出丰硕的果实。（作者 江坪）

2012 年 9 月 24 日，夏宝龙在浙江省大学生文明寝室创建活动启动仪式上讲话

2012 年 6 月，在绍兴文理学院举行的高校寝室卫生管理和文明建设现场会交流现场

2012 年 9 月 24 日，在浙江工业大学召开的浙江省大学生文明寝室创建活动启动仪式

2012年9月24日，在浙江工业大学召开的浙江省大学生文明寝室创建活动启动仪式上进行的颁奖活动

文明创建寓重意

内修外炼，向学之方；内圣外王，君子之道。对于大学生来说，学习科学文化知识无疑是第一要务。但是，在高等学府，教与学的内涵和外延从来都不是那么浅显而单一。大学教育，是一次综合性的修炼与累积，是一个全方位学习提升的过程。学习科学文化知识固然十分重要，培育优良的思想修养和品行操守，养成文明的行为方式和生活习惯，同样十分重要。所谓「格物、致知、诚意、正心、修身、齐家、治国、平天下」。一如儒家先圣所期，人生的提升与国家、民族的期待，就是按照这样的逻辑与梯度一步一步、一级一级地推演达成。

《浙江省普通高等学校学生公寓配置标准》公布

2012年8月1日　来源：浙江在线新闻网站

近日，浙江省教育厅公布了《浙江省普通高等学校学生公寓配置标准》(以下简称《标准》)，并将于今年秋季开学后委托高校后勤协会对学生公寓逐幢进行检查验收，加强学生公寓管理。

记者从这份新出台的配置标准中了解到，寝室的定额标准是每个学生平均建筑面积不得小于7平方米；每室定员：本专科生不得多于6人，研究生不得多于4人；卫生间、盥洗室墙面瓷砖高度不低于2米；每生配备网络终端接口1个；每室具备空调、热水器、饮水机安装使用管孔、插座；等等。

不过，配置标准中，并没有提到高校得为公寓配备空调，只是要求具备空调安装使用管孔、插座，等等。

下沙高校公寓配置基本达标

昨天，随着《标准》的出台，记者从下沙各大高校学生公寓管理处了解到，下沙学生公寓配置标准基本达标。在下沙14所高校中，本科院校的学生公寓基本都是4人间宿舍，有些寝室每个人平均拥有8—10平方米。

浙江传媒学院大二学生小张说，他们寝室比较宽敞，每个人都是下面桌子，上面床铺，寝室中间还有一块空间，同寝室同学还能跳跳舞，运动运动。

“除了4个套床组合，我们还有独立的卫生间，卫生间大概有10平方米，整个寝室面积近35平方米。”小张说。下沙这边高校都是新校区，很多设施匹配都是齐全的，有些同学为了美化寝室，还买了地毯铺在寝室。

浙江传媒学院学生小章告诉记者："寝室都配备空调、热水器的管孔与插座，老一点的宿舍楼学校会在这个暑假装起来。"小章说，《标准》里的配置，学校基本都有。

杭州电子科技大学后勤公寓管理中心许建立主任说："现在下沙高教园区的学生宿舍都比较新，《标准》里的要求一般都能达标。"他说，原先建筑的时候，像空调、热水器、饮水机安装使用管孔、插座等都有设计。

记者走进浙江经贸职业技术学院学生小陈的寝室，是标准的 4 人间，目测有 30 多平方米。浙江经贸职业技术学院的公寓管理科科长严勇杰说，这个暑期学校对所有的学生寝室进行了检查，把有些破损的墙壁补修，特别是还给每个寝室的卫生间添加沐浴架。

部分高校利用暑期给学生公寓装空调

不过，学校能不能给学生公寓安装空调，是很多大学生关心的问题。

记者了解到，现在已经开始安装空调的学校有浙江传媒学院、杭州电子科技大学、浙江经贸职业技术学院等。部分高校利用这个暑期时间给学生公寓装上空调，并采取空调租赁方式供学生使用。

严勇杰说，浙江经贸职业技术学院共有 408 个寝室，100 多个寝室已经自行安装好空调。"学校不反对学生装空调，学生可以自己选择是否安装。可以自行购买也可以租赁模式。目前学校通过外部招标找到一家空调供应商，学生可以选择租赁和直接购买。购买的话，等学生毕业后，空调由学生自行处置。"

在杭州电子科技大学，一开学学生就可以自己选择寝室是否安装空调，学校会根据学生的选择，将愿意安装空调的同学安排到同个寝室。租赁费每个房间四年 1700 元，人均每年 85 元，电费自理。

而杭州师范大学招生办余老师称，杭师大下沙校区学生寝室在去年已基本装上空调，学生采用租赁方式来使用。

浙江传媒学院后勤管理处表示，现在学校的学生寝室已经开始装修，为了让学生住得更舒适，部分学生寝室将会装空调。

2012 年 8 月，刘希平（右二）在宁波工程学院学生寝室考察调研

2012 年 8 月 29 日，刘希平（前左二）在下沙高教园区检查学生寝室

2013年2月28日，中共浙江省委教育工委副书记、浙江省教育厅副厅长蒋胜祥（左）赴台州学院检查学生公寓设施配置

2013年9月，时任浙江省教育厅副厅长，现中共浙江省委教育工委副书记、浙江省教育厅副厅长鲍学军（右四）在浙江师范大学检查学生公寓安全工作，并与学工部、保卫处、后勤部门管理人员进行座谈

2012 年 9 月，时任浙江省教育厅副厅长褚子育（左一）在浙江海洋学院检查学生寝室

2013 年 3 月，浙江省教育厅副厅长于永明（右二）在温州大学检查学生公寓

浙江出台高校公寓配置标准，学生有心理咨询室

2012 年 7 月 22 日 来源：新华网

浙江省教育厅公布了《浙江省普通高等学校学生公寓配置标准》，并将于今年秋季开学后委托高校后勤协会对学生公寓逐幢进行检查验收，切实加强学生公寓管理。

记者22日从这份新出台的配置标准中了解到，寝室的定额标准是生均建筑面积≥7平方米；每室定员：本专科生≤6人，研究生≤4人；夜间卫生间、盥洗室有照明；每生配置床、椅（凳）、桌、柜、书架、衣帽挂钩1套；每生配备网络终端接口1个；每室具备空调、热水器、饮水机安装使用管孔、插座；等等。

“搞好学生寝室卫生，加强寝室卫生管理和文明建设，做好应该，做不好惭愧，甚至是失职。”浙江省教育厅厅长刘希平说，这些年，为了解决有书读，不少学校都扩大了招生规模。扩大招生，学生数上去了，但后勤设施跟不上，公寓不够用，只能对已有学生寝室做4改6、6改8的改造。学生的个人物品也越来越多，但寝室还是那个寝室，狭小的寝室空间放不下生活改善的成果。

据了解，一知名网站发起的网上调查显示：对“自己经历的高校宿舍卫生状况”评价是“很糟，又脏又乱”的占48.01%。

浙江省教育厅在新规定中还指出，心理咨询室也应在校内统一布置，按需设置心理咨询室。专门公寓管理部门的服务人员与住宿学生配比为0.5%—1%，而且要进行上岗前培训、挂牌上岗、统一着装。入住公寓的辅导员数量占住宿学生数比例≥2‰。每幢公寓至少安排1名辅导员入住。

2012年6月，省委教育工委、省教育厅召集全省高校书记、校长，在绍兴文理学院举行高校寝室卫生管理和文明建设工作现场会

2012年9月26日，省高校后勤协会组织召开浙江省高校学生公寓配置标准化研讨会

2015年9月，浙江工业大学学生文明寝室建设工作交流会

浙江省全面深化大学生文明寝室建设

2014年7月6日　来源：中国教育新闻网

浙江省以深化大学生文明寝室建设为抓手，大力推进德育工作生活化。经过近两年努力，全省高校学生公寓生活设施不断改善，公寓学生工作机制进一步健全，公寓文化氛围更加浓郁，广大师生对文明寝室建设的认同度不断提高。

深入推进高校学生公寓标准化建设。先后出台了《浙江省普通高等学校学生公寓配置标准》和《浙江省普通高等学校学生公寓配置标准评估细则》，对学生公寓的基础设施、服务设施、管理规范等进行了详细的规定。据统计，2013年全省各高校共计投入资金5.2亿元，对学生公寓进行改造、配置、维修。经验收评估，有63所高校通过学生公寓配置标准评估，全省标准化学生公寓比例达到 86.8%。

全面深化公寓学生生活教育和指导服务体系建设。2013 年以来，持续推进以学工部门牵头，各二级学院为主实施的文明寝室实施机制建设。据统计，全省高校制订修改完善各类公寓教育、管理、服务制度 2020 个，安排 46000 多名教师联系寝室，干部教师走访学生寝室 14 万多人次。一些高校以创新公寓育人模式为切入点，积极探索推进德育生活化、落实全员育人机制与体制。如浙江大学建立知名学者与教授联系新生寝室的“新生之友”制度；浙江工业大学、浙江经济职业技术学院等高校开展公寓社区建设；温州大学在学生公寓建立 3 个学区管委会与党总支，将 70% 的辅导员配备到管委会，负责学生党团建设、日常事务管理和校园文化活动，取得了良好的实践效果。

充分发挥大学生在文明寝室建设中的主体作用。各高校从方便学生生活、服务学生成长的角度出发，建设了一批公寓党团活动室、学生心理咨询室、学生事务办理大厅等服务设施。据统计，全省各高校设立公共储藏室 2205 间，建设公寓学生活动中心、学生事务办理大厅、公寓党团活动室、心理咨询室等服务设施 14.5 万平方米。调查中，81.79% 的学生对学生公寓整体的环境表示满意。2013 年，浙江省教育厅联合团省委等部门，召开浙江省高校文明寝室创建工作推进会，向全省青年学生发出了“做一个高端大气上档次的好室友，建设一个低调奢华有内涵的寝室，成为奔放洋气有深度的新一代”的倡议，评选出 22 个浙江省文明寝室创建工作“先进单位”和 1003 个省级“文明寝室”，全省近 100 万大学生参与创建活动。今年以来会同浙江日报，开辟好学版，已刊登的浙江大学、浙江师范大学、浙江财经大学等“学霸寝室”“考霸寝室”的温馨故事，在大学生中引起了强烈的反响。

2012 年 11 月，省教育厅督查组对高校进行文明寝室创建督查指导

2013 年 7 月，省教育厅专家组对高校进行公寓标准化配置达标评估

标准建设齐用心

「花片飞红留墨沼，竹荫摇绿上书笺。」读书空间，是一种环境，是一种心境，是一种意境。寝室，对学生而言，看似是一间普普通通的生活寓所，其实是一方宝贵的读书空间。在诸多校园因素中，寝室环境对学生的影响不仅尤为直接而具体，而且往往是一个潜移默化的过程。一个整洁、优雅、宁静的寝室，不仅使同学们拥有一个良好的休读空间，也有助于培养同学们良好的行为操守、勤勉意识和集体主义精神，还一定有助于同学们放飞想象的翅膀，铺展理想的彩虹。

2012年夏秋之交，全省各高校雷厉风行，积极行动，纷纷成立了以校（院）党委书记、校（院）长为组长的学生文明寝室创建活动领导小组，以学工部门为主，后勤和保卫部门为辅，各有关管理部门和各院系协同推进、齐抓共管的工作体系和实施机制。在此基础上，投入巨资，大力开展学生公寓、学生寝室硬件设施完善工作。在硬件设施建设方面，具体包括：改造增容学生公寓用电线路，增设空气源热水设施，引进空调租赁服务，完善红外线报警装置、门禁系统，增设储物间、储物柜、自助式充电装置、衣帽挂钩、镜子、电吹风、休读会客两用室，添置学生急救用品。有的院校还为学生寝室贴上了壁纸，尽力美化学生的日常生活环境。

夯实基础，做好保障

浙江大学紫金港校区学生公寓一角

2012年，时任浙江省省长夏宝龙做出加强高校文明寝室建设的指示后，浙江大学党委书记金德水立即批示："高校整洁卫生安全的宿舍环境体现了学校、学生的文明程度，要共同努力，不断提高。"学校各部门、院系及具体实施单位新宇集团职责明确、责任到位、齐抓共管、协调配合，在经费保证、人员到位、信息沟通等方面群策群力，全力以赴。《浙江省普通高等学校学生公寓配置标准》下发后，学校进行了认真的对照检查，不断完善改造公寓设施设备，共投入9171万元资金用于标准化公寓和"四有"寝室改造。主要包括安全监控平台建设、学生宿舍维修改造及设施增添、老宿舍供电线路改造、老宿舍改造、墙面粉刷、紫金港校区学生公寓管道热水系统新建和改造、老宿舍热水淋浴系统改造试点等重点项目。在宿舍楼内，设置了洗衣机、开水箱、空调等生活设施，在每个学生寝室内增添了窗帘、脸盆架、马桶刷、抹布等用品，并为每位学生安装衣帽挂钩。此外，还投资建设了学生活动室、党团活动室、健身房、乒乓球室、棋艺角、学生之家、师生谈话室等70多个活动场所，总面积近3000平方米。在人均建筑面积、防盗安全和空调、热水、网络服务及文化宣传等方面的基础设施和配套上，均已达到或高于配置标准，真正达到了"物品有地方放、洗的衣服有地方晾、上网有地方上、不用的东西有地方扔"的"四有"学生公寓要求。

在夯实硬件建设基础的同时，新宇集团在管理服务人员中积极倡导"三三三原则"，即坚持"全员育人、全过程育人、全方位育人"的三个育人理念，实现"标准化、专业化、精细化"的三项管理目标，追求"学生接受、学生满意、学生感动"的三重服务境界。除了常规的住宿安排、网络服务、咨询服务等服务外，进一步延伸和拓展服务手段，尽可能地为在住学生创造整洁舒适的住宿环境。

1. 率先采用空调租赁措施解决空调"安装难"问题。为解决在住学生冬冷夏热的问题，新宇集团积极探索学生寝室空调安装的最佳模式。除在每年新生入学报到时自主选择是否安装，并将有空调需求的学生尽量安排在同一寝室外，打破原有学生自己购买空调的做法，与商家合作，引进空调租赁服务。有需求的学生只需与商家签订租赁使用协议，并缴纳一定的租赁费用，就能使用4年由商家提供的空调。学生如果调换寝室，空调还可继续租给下一位入住学生使用。此举既便于空调的统一规范管理，又节省了学生购买空调的费用，受到学生的普遍欢迎。

2. 建立学生公寓安防系统。2012年，新宇集团自主研发了学生公寓安防系统，将宿舍楼内的门禁系统、楼外红外触发报警系统、门厅视频监控系统、消防应急疏散门电子控制系统及电子巡更系统所采集的信号和数据，通过专用网络实时集成到校区监控中心的安防系统平台。安防系统平台将各子系统采集的信号、数据及相关设备运行状况在大屏幕上分类显示，并可实现门禁开启后的视频自动切换、红外报

教育部发展规划司高校后勤改革处处长朱宝铜（前左一）一行考察学生公寓安防系统

警被触发后视频自动切换、设备运行故障自动报警等特殊功能，便于紧急状况发生时的集中快速响应和应急处置，从而有效降低了宿舍管理人员的工作强度，减少了治安事件的发生。

3. 建成学生公寓生活热水系统及监控平台。紫金港校区在 8 个学生公寓组团设立了生活热水机组，每天 18 小时为所有学生寝室提供淋浴热水。为解决需操控的机组数量多、目标分散、信息不同等问题，新宇集团自主研发了生活热水监控平台。该平台可以做到：（1）数据采集与显示的实时性。（2）用户界面功能的智能化。（3）故障报警功能的及时性。根据这些实时动态和历史记录，管理人员对每个机房的主要参数进行观察比较，确认各机房运行情况，保证热水系统稳定运行，并大大节约了人力成本。

学生公寓空气源热水系统

4. 建立浙江大学学生公寓综合服务大厅。为给在住同学提供更加方便简捷的服务，树立良好的公寓服务窗口形象，新宇集团于 2011 年 4 月着手打造浙江大学学生公寓综合服务大厅，并在校内首创窗口服务评价系统。综合服务大厅集住宿调整、水电充值、住宿缴费、宣传品审批、生活咨询等服务于一体，打造一站式品牌服务，为学生提供便捷、温馨、及时的服务，树立良好的公寓服务窗口形象。

寝室美化宣传图片

加大资金投入，改善公寓条件

中国美术学院在新校区学生公寓建设方面积极融入家园概念，如象山校区山南学生公寓文明建设中将大活动室改造为多个小活动室，在学生寝室之间设立客厅，学生可将其作为工作室、交流室、会客室等，这样的中国传统人居模式，极大地促进了师生之间和学生之间的交流与沟通，也有助于美院学生的专业化学习。

2012 年暑假期间，学院按公寓标准化建设的要求，对所有学生寝室的基础设施进行了维修和优化改善，投入 350 万元对各校区公寓楼道和寝室墙面及公告栏等公共设施进行了维修：对现有空间进行了整合改造，增加了自助洗衣房、储藏室、理发室、学生活动中心、学生事务中心、心理咨询室、谈话室等服务空间，公寓楼的门禁系统也安装到位并投入使用；投入 80 余万元更换了民生路学生宿舍的电梯，消除了安全隐患；投入 20 余万元增加及更换现有卫生设施，增加巾架（钩）、镜子、衣帽挂钩等设施，添置垃圾篓、扫帚、畚箕、衣叉、马桶刷、抹布、晾衣架杆等洁具用品；此外，提供了小五金、打气筒、针线包、应急药箱、活动器具、电瓶车充电、微波炉、保险箱和担架等免费出借服务用品。在山北生活区还增设了汽车泊位和自行车停车位。为山北生活区公寓楼增加配备学生活动室，山南公寓楼配备公共客厅。

鉴于艺术院校学生专业学习的需要，各类工具、材料等物品相对较多，特别是高年级学生面临毕业创作、寝室存放东西尤其多的实际情况，学院投入资金对现有的空间进行了改造和优化，每幢学生公寓都设置了较大的公共储藏间，并配备了货架，实际使用率较高，得到了学生的一致认可。

学生公寓区远眺

艺术化的校舍建筑

优化硬件设施，保障文明建设

加大经费投入

宁波大学以“公寓标准配置、院系集中布局、活动场所充足”为目标，加大投入，推进公寓硬件设施建设。2012 年，一期投入 450 万元专项经费用于文明寝室建设。专门建立了学生文明寝室专项维修基金，每年将超过学生住宿费收入 10% 的经费用于文明寝室建设。对照《浙江省普通高等学校学生公寓配置标准》的要求，对全校学生公寓及 4263 间寝室进行逐一排查和整改，进一步改善了学生住宿环境，为学校文明寝室建设工作顺利开展提供了基础保障。

学生公寓入口

学生公寓洗衣房

构建“一院一幢楼”的公寓学生工作空间布局

为保证文明寝室工作的有效推进，学校实施“一院一幢楼”的各学院学生相对集中住宿的结构布局，顺利完成了万余名学生的住宿布局调整搬迁工作，为文明寝室建设工作打下了坚实的空间基础。该措施极大地提高了社区党工委、学生社区自治联合会等组织的工作效率，为全校运行公寓学生工作体系提供了基本条件保障。

建设“三室、一厅、一街”的公寓学生工作阵地

在学生公寓楼内建立各具学院特色的学生活动场所，实现了每栋楼宇配备一个综合办公室、一个学生自修室、一个室内特色活动室的“三室”建设目标，为开展学习辅导、心理疏导、就业指导、文化活动、党务工作等创造条件。设立社区服务大厅，基本实现“一楼一厅”的建设目标，为学生提供设施报修、咨询服务、物品租借等生活便利服务。2013 年 6 月，在本部学生公寓区开放“青年创业服务一条街”，为 15 个学生创业团队提供“练兵”机会的同时，还为在住学生提供与文化休闲相关的服务项目。为进一步满足学生的一站式服务需求，2014 年规划建设了包含学生事务管理、就业指导、学业指导等多项内容的学生事务服务大厅。同时，在学生公寓楼内开设社区心理咨询室，定期安排心理咨询师为学生提供心理健康指导服务。

齐力推进四化阳光家园

杭州师范大学统一规划，加大投入，以进驻仓前新校区为契机，坚持以育人为宗旨、以学生为本的总体要求，从硬件设施入手，同时不断优化软件体系，为学生打造标准化、专业化、多元化、精细化的阳光家园。

时任中共杭州市委副书记、杭州市代市长，现中共杭州市委副书记、杭州市市长张鸿铭（右二）来校视察学生公寓

标准化寝室环境

仓前校区学生公寓有 A，B，C，D，E 共 5 幢连体小高层公寓楼，每幢公寓楼由两个单体楼以“凹”形连接。5 幢公寓楼中，无障碍寝室 5 间、医务所用房 22 间、辅导员用房 20 间、活动用房 41 间，学生实际可用寝室为 2891 间，最大可容纳 11276 名学生入住。博文苑学生寝室本科生和研究生均按 4 人间配置，生均建筑面积在 10.9—11.6 平方米，集标准化、现代化设计于一体。在寝室装修方面，地面铺设抛光砖，防起砂、防开裂、易清洁；卫生间、盥洗室墙面均铺瓷砖到天花板；配置节能灯，24 小时保证室内照明；每室装有水电智能管理系统，用水用电独立计量。洁具配置有垃圾桶、扫帚、畚箕、衣叉、马桶刷，阳台配置有晾衣架杆。寝室卫生间、盥洗室干湿区域分开，根据需要配置冲水阀 1 个、冲便器 1 个、淋浴喷头 1 个、洗脸盆 2 个。4 人间学生寝室，采用单人单位单床、椅子、柜子、衣帽挂钩、书桌内置式半封闭独立空间的设计，尽可能地满足当代大学生的个性发展需求，且使用牢固，维修方便。同时，每室配置毛巾架 4 个、镜子 1 面、电风扇 1 台，每生至少 1 个电源插座、1 个网络端口，同时无线网络信号覆盖每室。供热方

面采用内置热水循环系统，采取智能控制供热模式，热水供应进寝室，并在室内及阳台预留空间，采用租赁模式为学生提供饮水机安装及空调安装服务。

专业化保障环境

安全为先。安全保障的主线一直贯穿全校学生公寓楼的建设、启用和日常管理服务全过程。学生公寓楼通过工程验收，符合质量标准，建设档案齐全。各楼层公共区域照明设施完好，主入口设立开放式大厅值班服务台和夜间值班室，配有专门的值班人员，主要负责学生的现场接待、出入人员管理、学生事务登记上报等工作，并配有电话、学生住宿及钥匙借用登记本、值班日志、报修登记、会客登记、大件物品出入登记、节假日回家登记、工具借用记录、查房本、垃圾袋领用本、住宿变更登记本、迟归本、重要信件登记本 12 本值班登记台账。各个楼层两侧均安装室内消火栓系统，配备水阀开关、水枪、水带、接口、水泵启动按钮、灭火器等完备的消防灭火设备和明显规范的应急疏散标志，大厅等处均安装高灵敏度烟雾传感器。且定期检查，记录完整，建筑消防验收合格，各项功能完好。每个寝室安装“智能用电控制系统”，可对每个寝室的用电状况进行巡回实时监控，具有过流、短路警报和断电功能。公寓楼大厅正常进出口均安装先进的门禁管理系统，公寓楼大厅、车库及外围四周安装防盗设施及红外线监控设施，对人员可进出的主要区域实施全方位、全程探头监控。此外，各公寓楼配有二级配电房及水泵房，设施设备安全可靠，满足公寓楼用水用电负荷，且有 24 小时专人值班，确保学生用水用电安全。

多元化楼宇环境

公寓楼为学生提供多元化的活动用房，在公寓楼每层设立快乐小厨房，在各楼层按需设立自习室、储藏室、健身房、多功能活动室、电子阅览室、书吧、音影室（休闲吧）等，各楼一层集中设立了全自助综合洗衣房、学生事务中心、党团活动室、成长指导中心等。以上集导师指导及学生自主管理服务为一体的活动室，接轨国际，力求满足学生多元化的文化活动需求。同时，在各楼设有免费的信报箱及电子储物柜，各公寓楼门口配有公告宣传栏，电梯口配有电子显示屏，及时更新通知、公告，便于学生了解各种信息。总之，多元化的楼宇环境保障了学生生活的便利性和多样性。

学生公寓门禁系统

精细化社区环境

公寓区垃圾实行袋装化处理，由学生自行投放至各公寓楼门口的垃圾集中投放点，各点均有 9—15 个垃圾桶，数量充足。各服务台提供小五金工具、清洁用具、针线包、应急药箱免费服务项目。为配合位于生活区的校医疗服务中心提供紧急救援服务，各公寓楼还配备了担架 1 副，公寓园区配置了轮椅 2 张，以备不时之需。各公寓楼每层设置开水房，十分便利。公寓区内秉承安全、有序、便利的原则，统一规划，合理布局。努力实现路面基本零停车的目标，学校划定了专门的生活区机动车地下停车库和自行车地下停放处，配有专门的清洁人员。按校内统一布点，按需设置商业服务点，超市、理发店、水果店、奶茶店、文具店、礼品店、眼镜店、照相馆、快递服务点、银行网点等一应俱全，走出公寓楼便能满足各种基本生活所需。学校还为在住学生按需提供保险箱租赁服务，满足学生贵重物品的保管需求，在大厅服务台提供自行车打气服务，自行车停放处提供电瓶车充电插座服务。

学生公寓标准化建设六大特色

增设床头夜间双联电灯开关

浙江中医药大学为解决学生夜间使用卫生间时的照明问题，对学生寝室卫生间、盥洗室的夜间照明线路进行了改造，在卫生间安装了24小时通电电灯，并在每个床头安装了双联开关。学生如在夜间使用卫生间，可直接在床上打开灯，从而消除了学生夜间如厕过程中可能出现的安全隐患，深受学生欢迎。

楼道内配备公共拖把

按照原有模式，每个寝室配备一个拖把，虽然在住学生使用起来比较方便，但存在不少缺点：一是挂在窗台影响美观，二是污水经常滴落在楼下同学的衣服上引发矛盾，三是长期置放在卫生间容易霉烂，四是投入成本较大。针对这些问题，学校在每个公寓楼层的公共领域设立了公用拖把区域，给每个拖把标上标签，设立专门的挂钩和接水槽，并由公寓保洁员定时进行清洗和晾晒。这样，既解决了问题，又保障了在住学生的日常使用，是一举两得的好办法。

建立中医特色活动室

为满足在住学生的课余活动需要，丰富在住学生的文化生活，每幢公寓楼内均设有2间学生活动室、3间学生阅览室和1间心理咨询室，供同学们学习、活动、举办专业研讨和沙龙等使用。给每间用房冠以雅名，如硕学厅、杏林厅等，并制订了相关的使用规则。

公寓内的学生活动室（一）

公寓内的学生活动室（二）

大学生生活学堂

为使在住学生的生活更加便利，满足在住学生的多样生活需求，学校于 2012 年暑期投入大额资金，在每幢公寓楼底层增设了个性化厨具设施，并配备冰箱、微波炉以及具有中医特色的煎药罐和电炖锅，以满足在住学生的个性生活需求，特别是满足学生病号的特殊需求，让同学感觉到家的温暖。同时，在节假日组织在住学生举行厨艺大赛、包饺子比赛等活动，丰富学生的课余生活。尤为重要的是，通过堵疏结合的方式，杜绝了学生违章电器的使用，消除了很大的安全隐患。

学生公寓个性化厨具设施和谈话室

消防通道门使用防盗链条

消防安全与防盗安全在学生住宿管理中是一对矛盾。从防盗安全角度来考虑，每个通道门必须锁上；但从消防安全角度来说，最好保持通畅。为确保各公寓楼内的日常防盗安全，同时确保在发生紧急情况时通道门可以随时方便打开，取消了门锁，在每个通道门上安装了防盗链条，平时防盗，有紧急情况发生时也可以立即打开逃生，同时在每个玻璃门边均配置了消防榔头。

设立公共浴室

从更加人性化的角度出发，在每间寝室已开通热水均可随时洗澡的前提下，还在两幢公寓楼的底层设置了公共浴室。如果个别寝室内的洗浴装置因热水刷卡机或水管出现问题而暂时无法使用，则可前往公共浴室应急，从而保证了每位在住学生的日常生活需求。

全力配合做好公寓标准化建设

滨江后勤集团是隶属于浙江省教育厅教育发展中心的高校后勤服务实体，承担着浙江中医药大学、浙江机电职业技术学院、浙江商业职业技术学院、浙江艺术职业学院、浙江医学高等专科学校、浙江警察学院等 6 所学校 30000 余师生的后勤服务保障工作。滨江后勤集团共有 3 个生活区：立志园、立德园、立业园，占地面积 26.67 万平方米。其中，学生公寓 38 幢：浙江中医药大学 10 幢、浙江机电职业技术学院 9 幢、浙江商业职业技术学院 9 幢、浙江艺术职业学院 4 幢、浙江医学高等专科学校 4 幢、浙江警察学院 2 幢，共计 5752 间；学生食堂 4 个：志远餐厅、明远餐厅、思远餐厅、活动中心餐厅 。

该后勤集团作为自收自支的高校后勤社会化企业，既面临服务面广的客观情况，又面临设备设施老化、无学校投入和自身资金紧张的实际困难。本着“以生为本”的服务理念，在省教育厅和省教育发展中心的关心支持下，集团制订并实施了学生公寓3年维修规划，共投入6000余万元，着力改善园区学生的住宿条件。投入近150万元，用于消防设施设备的维修改造与更新，确保消防水压的稳定和消防通道的畅通，做好园区消防报警系统的联网工作，确保学生公寓的消防安全和园区师生的生命财产安全；投入近180万元做好学生公寓监控系统和门禁系统的施工安装，强化对学生公寓的监管；投入近200万元做好学生公寓屋面的渗漏维修、卫生间的渗漏维修和地面的起砂维修；投入近1500万元用于学生寝室家具更新；投入近400万元用于寝室门、凳子、窗帘、电风扇、卫生间台盆、照明设施、电源插座等的维修和更换；投入近600万元用于学生公寓大厅、楼道、走廊的粉刷和铺瓷砖；投入近300万元用于立业园3号楼的整体维修改造；投入950万元用于园区电力扩容改造和智能电表安装，确保学生寝室的空调安装；投入近300万元用于学生公寓电开水箱安装、浴室改造、电子显示屏安装、储物间配置、吹风机搁架添置和公寓无线网络覆盖等公寓标准化设施配置；投入近150万元用于园区绿化，改造园区排污排水系统；引进社会力量投入近1500万元用于学生寝室空气源热水器的安装。

通过3年多的维修改造，极大地改善了园区学生公寓的硬件设施。同时，该集团还通过上门走访、召开工作研讨会和师生座谈会及联席会议、开展服务满意度调查、开通网络微信和投诉监督电话等畅通师生意见的投诉渠道，及时了解园区各院校和师生对公寓管理服务的意见建议，并对照学生公寓标准化配置标准，统一制订了《滨江高教园区学生公寓管理服务规范》和《滨江后勤集团学生公寓标准化建设实施方案》，成立了由园区各院校职能处室负责人参与的公寓标准化建设领导小组和工作小组，明确工作职责，逐条逐项落实有关事项，顺利通过了学生公寓标准化配置标准验收，极大地改善了园区学生的生活条件，学生公寓的服务满意度也提高至93%左右。

滨江高教园生活区

公寓大厅

浙江 62 所高校学生公寓通过配置标准评估验收

2014 年 6 月 27 日　来源：中国广播网

近日，浙江省教育厅公布了 62 所通过省普通高等学校学生公寓配置标准评估验收的高校名单，浙江水利水电学院榜上有名。

学生公寓是大学生生活、学习的主要场所，其硬件设施配置是衡量一所高校办学水平的重要标志之一。2012 年，省教育厅印发了《浙江省普通高等学校学生公寓配置标准》，学院积极响应，率先启动了学生公寓标准化建设工程。时值学校升本，在财力紧张的情况下，校党委毅然决定以学生为本，投入 550 万元对学生公寓进行设施改造，全力改善学生的生活和学习条件。

550 万元是一个多大的数目？对拥有 8000 余名学生的浙江水利水电学院来说，它是学生 1 年住宿费总额的近 65%，是学院历年维修改造平均费用的近 3 倍。炎炎酷暑，后勤处（后勤服务中心）、资产处等部门全员无休，对全校 1728 间学生寝室包括寝室床板、牙杯架、门板、阳台护栏、文化设施等里里外外 37 个项目进行了逐一改造。

公寓标准化建设并非一日之功。2013 年，学院投入 200 余万元，在公寓中增设了红外报警系统、立式广告机、晾晒设施等，基本达到了公寓标准化配置的要求。2014 年，学院又将学生公寓线路扩容等列入“十大实事”，投入 250 余万元彻底解决了学生公寓的空调安装难题。3 年 1000 余万元，每一分每一厘都用在学生身上，都是实实在在的“民生”工程。

改造后的学生寝室处处体现了标准化和人性化设计。一根直径 3 厘米的不锈钢室内挂衣杆承重两三百斤，再多再重的衣物也不怕，而且还充分利用了闲置空间；3 个大大的牙杯架，让牙杯、洗发水、洗面奶等全部归位，还洗漱台清爽；洗手间使用干湿分离的高强度材料，其坚固程度用专业器械才能分割；杂物筐的设置让废旧可乐瓶、书籍等不再流浪；公寓值班台就是“百宝箱”：急救箱、人字梯、小五金、针线盒、打气筒等一应俱全，还专门设置了衣物挂杆……所有寝室实现了“物品有地方放、洗的衣服有地方晾、上网有地方上、不用的东西有地方扔”的“四有”要求，8000 余名学子是真正的受益人，近年来学生对公寓管理服务的满意度逐年提高。

标准化公寓要有标准化的管理。在浙江水利水电学院，每个公寓楼都有一本厚厚的“账”，记录了本公寓的始建年份、床位数、住宿人数、设施配置、历年维修改造记录等，并通过 ISO9001 质量管理体系和信息化提升公寓的管理和服务工作。

浙江水利水电学院公寓标准化建设，得到了师生认可和省内外同行的一致赞誉。具有 60 年办学历史、被誉为浙江水利水电人才培养摇篮的浙江水利水电学院在新的起点上将继续坚持科学发展，为建成一所立足水利、服务浙江、辐射长三角，以水利水电为特色、培养高素质应用型专门技术人才的本科院校而努力奋斗。

浙江水利水电学院学生公寓屋面翻新

浙江师范大学学生公寓电力增容改造

细抓严管树品行

「合抱之木，生于毫末；九层之台，起于累土；千里之行，始于足下。」大学生，「大」字当前，「学」字显赫，不唯有龙蟠凤逸之才，更应有优儒典雅之行；不仅讲大气、崇豪迈，也讲细腻、尚儒雅。作为大学生，在比学业、赛成绩的同时，也一定得比一比寝室卫生和个人的文明生活习惯，「各美其美，美人之美，美美与共」。就在举手投足之间，就从洒扫庭除开始，不断地历练勤勉之身，不断地累积文明修养，不断地提升人生境界。

就得管管大学生的“不叠被子”

2013 年 10 月 24 日　来源：东方网

昨日，浙江万里学院的学生发微博抱怨“三次不叠被子就将受处分”。她说，学校实行军事化管理，每天都要检查卫生，被子没叠扣5分，如果三次不及格就取消评优评奖资格。她认为：“学校是为了让我们养成良好的习惯，但我觉得用错了方法。”（10 月23 日《北京晚报》）

很多网友表示“校规过于苛刻，不可思议”，但是大部分家长支持学校的规定，认为“一屋不扫，何以扫天下”。对于“不叠被受处分”的说法，校方否认，称 “发现三次不叠被子只是取消当年评优评奖的资格”，并反问：“如果自己寝室的卫生都整理不好，你觉得他(她)能算一个优秀的大学生吗？”

确实，大学生“不叠被子”，看似小节，却足以从中看出其文明素养。去年，时任浙江省省长的夏宝龙出席浙江省高校科研成果面向企业转化推介会，这位新上任的一省之长在谈完成果转化后，却开始和该省31所本科高校和10所高职高专院校负责人谈起了学校管理的话题。“我不管别的省，浙江省省长要求寝室要干净。”

“不叠被子”折射出的，正是高校管理的现状。如夏宝龙同志所说：“我去过一些学校，有些学校学生不让老师进宿舍，因为里面乱得跟狗窝似的。”对于学校来说，宿舍都管不好，又何谈教学管理？曾在报上看到一个大学生洋洋自得地写道，某学科的课，他只去过两次，分别是第一次和最后一次。最基本的教学管理尚且如此松懈，思想教育当然更是薄弱甚至缺位，于是，自由散漫，不思进取，成了普遍的风气。有的盲目攀比、超前消费，有的成天沉溺于网游，学业荒疏，各种社会不良习气，在大学校园里，几乎随处可见。国家投下巨资，父母节衣缩食，却不料竟是让学生糊里糊涂地混几年。

也因此，对于如何加强高校的管理，夏宝龙并没有谈一些宏观内容，而是细化到一个本该由辅导员或者寝室长去管的事情。学生宿舍乱七八糟，学生在里面“群魔乱舞”，但是这一现象并没有受到舆论批评，学生甚至将此作为一种炫耀，显然，“狗窝似的”宿舍里出来的，恐怕连基本的文明素养都不具备， 又遑论成才？

实际上，现在只以学分来抓学生的管理，对学生的现状不可能真正做到心中有数。“有的老师上课就用一本书，备完课管好几年，平时也不坐班，进门讲课，讲完拍屁股就走，连学生都不认识，这样的老师叫为人师表吗？”不仅教书，更重育人，本来就是教育者的责任。显然，要培养全面合格、有理想有信念的大学生，让大学生名副其实地成为时代的骄子、未来的栋梁，首先应从“不叠被子”抓起，看学校的管理，看学生的素质，就应该细化到“不叠被子”的管理。

（记者：钱夙伟）

助益学生成长的公寓文化

浙江工业大学在不断加强学生公寓硬件建设的前提下，努力探索创新学生公寓文化载体，不断加强学生公寓的文化建设。

整洁美观的学生生活区

公寓文化墙

为了让学生公寓富有文化气息，学校在两校区每幢学生公寓楼大厅布置了文化墙。文化墙上显著位置悬挂了工大校训，整面墙体则以悬挂各类照片为主，照片有两大主题：一是“我眼中的工大”，选取了近千幅大学生的摄影作品；二是反映学校历史变迁的老照片，意在向学生生动展现厚重的学校历史。今后将会有更多的反映学生丰富校园文化活动、文明寝室建设、优秀学子风采等不同主题的照片上墙，营造更加温馨的公寓门厅文化。

荣誉、艺术品展台

利用公寓大厅一角空间，在两校区的公寓楼大厅开辟了学生荣誉、旅游纪念等艺术品展示台，主要用于本楼学院、学生的一些荣誉展示或各地交流可资借鉴的学习、创意展示等，为楼内学生提供了展示和学习借鉴的平台。

《寝室文明新公约》

公寓楼大厅墙上张贴了《寝室文明新公约》。该公约是从学生立场出发的一种自我意识和自我约定，充分结合了自我发展的特点和校园文化建设的需要，少了一分命令感，多了一分人情味。新公约对工大学子如何为人、处事、处世等方面进行了正面、积极的引导，鼓励学生从小事着手，关注身边的榜样，学会以感恩的心态去面对校园生活和学习。通过营造崇德、和谐、大气、包容、向上的校园文化氛围，使学生在熏陶中感悟，在潜移默化中受益，以提升“自我教育、自我管理、自我服务”的能力，最终培养成为胸怀大气、自强自信、奋发有为的新一代创新型人才。

“学生公寓卫生检查情况通报”栏

在公寓楼大厅开辟了“学生公寓卫生检查情况通报”栏，定期将寝室检查结果进行公示通报。公寓管理员对管辖范围内的学生寝室进行每周一次查房并汇总取平均值，学校每月进行一次联合大检查，再由联合管理办公室将上述两项检查结果按一定比例汇总得出最终分值，每月由公寓管理员将结果公布在公寓楼门厅的通报栏内，以督促学生做好寝室内务卫生。

宣传通知栏

在各校区的公寓楼大厅到一楼的楼梯位置墙面安装了绒布宣传板，专门用于学生张贴活动通知，极大地改善了学生原先在墙上胡乱张贴、有碍观瞻的现象。

内容丰富的学生公寓文化墙

学生综合事务大厅

以学生综合事务大厅为半径，推进工作重心逐步向生活区延伸。事务大厅设有三大中心：事务中心，主要受理各类学生日常事务；交流中心，主要负责组织开展领导接待日预约、职业生涯规划咨询、心理健康咨询等信息沟通；资讯中心，主要负责校园网络、微博、微信、电子公告栏的信息发布。事务大厅秉承“以生为本，快乐成长”的服务理念和“微笑服务，温暖你我”的服务宗旨，面向全校 3 万多名学生提供证件补办、选课指导、生活指导、就业指导、心理咨询等 28 项业务。此外，还建立了网上事务大厅平台，实现了“网上 + 网下”双网互动的服务模式。学生可以通过网站进行综合事务的预约和在线受理，实现事务大厅实体与网络版的无缝对接。事务大厅还开通了官方微博、微信等，实行“定制 + 推送”的学生事务信息服务形式。学生可以根据实际需求，通过手机预定各类教育资讯和新闻时讯，如招聘信息、学术讲座、考研资讯、文体活动信息等定制模块，有针对性地按需将教育和服务内容装进学生口袋，促进资源有效整合，架起师生联系的桥梁。

社区文化节

后勤公寓管理部门和学生组织积极互动，鼓励学生设计和组织内容丰富、形式新颖、吸引力强的思想政治、学术科技、文娱体育等文化活动，营造文明、清新、幽雅的公寓环境，增强学生的凝聚力和对公寓的认同感、归属感，由公寓服务中心和校学生会联合举办的社区文化节已经延续了 12 届，成了学生认可和接受程度较高的校园品牌活动。

校长蔡袁强（左一）检查学生公寓

全员全程全方位的育人理念

杭州电子科技大学高度重视学生公寓工作，11 位学校党政领导率先走入公寓楼，负责联系 11 幢公寓楼，教授导师负责联系 1026 个寝室。导师的职责主要有强化思想上的引导、生活上的指导、学习上的辅导等，充分发扬我校思想政治工作“传、帮、带”的优良传统。学校专门成立了工作领导小组，形成了由校领导亲自抓、以学工为主实施，后勤、保卫和二级学院等部门协助的学生公寓工作体系。

校党委书记费君清（左三）走访学生寝室

校领导定期深入寝室与学生交流

楼宇实施项目管理，由公寓辅导员、生活指导老师、优秀研究生组成的管理小组做到“同住、知情、关心、引导”，建立干部学生联系寝室制度，建立学生在公寓操行量化考核制度，把学生在公寓的表现作为学生评奖评优、推优入党、享受补助等的重要依据之一。

在学生处和后勤服务总公司共同管理下，设立学生公寓管理中心。配有专职服务人员 157 人，与入住学生配比 0.63%。拥有一支团结进取、务实肯干的团队，始终把握“教育为目的，管理是手段，服务是宗旨”的原则。认真做好日常管理和服务工作，努力打造文明有序、和谐温馨的公寓。在学生公寓管理中心领导的带领下，全体员工个个争先、人人创优，共同学习、互相帮助，不断提高个人的政治素养和业务能力，形成了党员带动职工的良好氛围。近年来涌现出了爱岗敬业、乐于助人、拾金不昧等各类先进事迹。有的值班员在自己的岗位上工作了十余年，始终保持微笑服务、爱岗敬业的态度，送走一届又一届的毕业生。

学生公寓管理服务团队

幸福温馨的社区建设工程

浙江理工大学在做好常规工作的基础上，大力探索体现学校特色、学生受益面广的文明寝室建设新举措。

“8+1”学生幸福社区建设工程

该校从2001年开始，将成才咨询室、党团活动室、社团活动室和心理咨询室等“四室”引入学生公寓，将学生公寓发展转化为推进大学生思想品德教育、理想信念教育、心理健康教育的延伸阵地，实施10余年来，深受学生好评。如今，在进一步巩固“四室进公寓”建设

美观温馨的学生公寓大厅

成果的基础上，学校不断深化生活指导与生活教育，引入提升学生幸福率的理念，实施“学生幸福社区建设工程”。为此，学校出台了《浙江理工大学学生幸福社区建设工程实施方案》和《浙江理工大学“幸福下午茶”实施方案》。一方面对生活区综合用房进行了功能布局调整，在原有“四室”（成才咨询室、党团活动室、社团活动室、心理咨询室）的基础上增设了生活指导、朋辈辅导、生涯规划（就业指导）、情商阅览等功能和“学生社区幸福文化中心”，构建了“8+1”的学生幸福社区建设格局。

“学生寝室成长规划体系”

“学生寝室成长规划体系”于 2008 年 12 月在浙江理工大学服装学院进行试点，最初是结合生涯规划教育，推出了《寝室成长规划手册》。该手册用于记载学生寝室成长历程，因势利导，引导学生积极参与学生公寓文明建设，让学生在大学 4 年的寝室生活中，在与室友建立共同兴趣爱好和志向的前提下，培育寝室的特色优势，最终成长为“特色寝室”。通过 3 年的实践，学校逐渐确立了“A 级寝室——文明寝室——优良学风寝室——特色寝室”的寝室成长规划路径，在 2012 级学生中全面推行寝室成长规划教育，以《寝室成长规划手册》为载体，依托学生成长导师队伍（寝室联系干部、教师），指导寝室及其成员明晰成长愿景，记录成长点滴，积极探索寝室文化塑造人、教育人、培养人的有效途径，引导学生在文明修身、专业学习、人生规划、寝室卫生等方面完成自我探索和觉悟。

网格状学生公寓自治组织

为进一步强化学生在文明寝室建设中的主体地位，充分发挥学生在文明寝室建设中的主动性和积极性，学校建立了以楼栋为单位的学生组织——楼栋自律委员会，致力于本楼栋公寓文明建设和楼宇文化建设工作。学校以公寓党团活动室为阵地，积极开展党建工作进公寓，同时积极推进团建工作进公寓，建立“校团委公寓团工委—公寓楼团总支—楼层团支部—学生寝室团小组”的金字塔形公寓团建工作组织网格，积极探索公寓团建新模式。

TREES 学工文化与 HOME 家文化

2010 年 5 月，浙江工商大学首次提出具有本校特色的“TREES 学工文化”理念，即团队（Team）、责任（Responsibility）、鼓励（Encouragement）、平等（Equality）、专业化（Specialization）。“TREES 学工文化”是该校学工人员立职之本，全体学工人员本着 TREES 学工文化精神，深入学生寝室开展思想政治教育和日常管理活动。

学工文化标识

为了将学生公寓建设成为融“思想教育、行为指导、生活服务、文化熏陶”于一体的第二课堂，将学生寝室建设成为学生的第二家园，各学院共推“家文化”。在实践的基础上，旅游与城市管理学院、食品与生物工程学院、环境科学与工程学院、外国语学院等学院提出了寝室“家”文化的概念。2012年9月，旅游与城市管理学院重新诠释“家”文化，提出文明寝室“HOME”文化：“H”代表Harmony，即和谐，意为营造和谐的学习生活环境；“O”代表Ourselves，即我们，是“HOME”文化的主体，也是将这一文化发扬光大的动力；“M”代表Management，即管理，强调学生的自我管理；“E”代表Enjoy，即乐在其中，旨在通过和谐的寝室环境，实现学生的自我管理与发展。2012年春节，学校专门为留校过年学生在42号楼开设“留书苑”，为留校过年学生配备了专门的班主任、辅导员，并成立班委，制订班规，实行自主管理，学工部、后勤服务中心则为留书苑专门开辟活动室、配置健身器材、乒乓球桌等设施，还开设了流动图书馆。除夕前夜，省教育厅厅长刘希平和留书苑学生一起包饺子，共进年夜饭，让学生充分体味到“家”的温暖，在学校度过一个意蕴十足、意义非凡的春节。留书苑的开设得到了浙江日报、浙江电视台、杭州电视台、中国新闻网、浙江在线、中国青年网等多家媒体的报道。

春节期间在“留书苑”度假过节的学生合影

行之有效的学生公寓软环境建设

温州大学在完善学生公寓各类硬件条件的基础上，积极探索公寓管理新模式，实施学区制改革，加强在住学生的思想政治工作，开展形式多样的文化活动，提升公寓区的文化氛围和软环境建设。

先行先试，探索学区制教育管理模式

学区是指以学业归属区为基础，以学生生活区为地理划分，包括公寓宿舍区、学生食堂、文化活动场所、商业服务网点等在内的课堂学习外的生活、休息、学习、交往、娱乐、个体及群体活动的特定区域。学校在A、C、E三个生活区，相应地设置了步青、溯初、超豪三个学区。

学区制改革最大的创新也是最大的突破在于学院和学区之间对学生思想政治工作进行了合理的职责分工。原则上与本专科学生的学业、就业有关的工作由学院负责，与本专科学生的生活、身心相关的工作由学区负责。学区制改革，使得学生思想政治教育工作从教学区前移到了学生生活区，学生生活区成为融“思想教育、行为指导、生活服务、文化活动、道德实践”等功能为一体的重要的教育阵地。

学区为独立的与学院平行的实体行政机构。各学区设立党总支，负责本学区的学生党建、党校、党员发展及日常思政工作。党总支下设党支部。

各学区设主任1名（兼党总支书记，正处级别）、副主任1名（兼党总支副书记，副处级别），每个学区设组织员1名；科级干部4名（综合办公室主任 1 名，党团建办公室主任 1 名，心理与资助发展中心主任 1 名，学生宿舍管理与服务中心主任 1 名）。

每个学院设党总支书记 1 名，辅导员 1 名。学生数超过一定规模的学院增设辅导员 1 名。按新规定设置，除学院应配辅导员外，其余辅导员进入学区。学校目前 70% 的辅导员已进入学区。辅导员试行按所属岗位归口所在学院或学区分别管理。

驻楼辅导员与在住学生谈话

优化机制，打造学区和谐育人平台

1. 强管理，重落实，建设整洁文明住宿环境。

依靠学生主体加强寝室文明建设检查，完善跟踪整改机制。每周开展定期和不定期检查，确保“检查全覆盖、文明无死角”，通过网站、楼栋宣传栏等平台及时对检查结果进行公示；通过发放整改通知单、约谈、走访等方式，进行跟踪整治。

加强寝室文明特色创建和评比，强化典型示范作用。在学区中定期开展文明寝室、星级寝室、优秀寝室、十佳寝室等公寓文明评选活动。注重发挥在文明寝室建设中涌现出来的先进典型的示范和引领作用，利用现代化媒体积极宣传文明寝室建设中的好经验、好做法。如开展“文明示范寝室微博杀”“十佳寝室微博评选”“寝室生活达人秀”等，宣传寝室典型和学生典型。

学生公寓门厅与走廊布置

强化公寓区学生品行量化考评

1. 将学生在公寓区的卫生状况、遵章守纪、文明行为等作为学生素质教育的重要内容，纳入学生综合素质考评体系，作为学生推优入党、奖学金评定、申请助学贷款和国家奖学金等的重要指标之一。

2. 加强引导、重自治，建立学生自主管理体系。

构建寝室长、层长、楼长三级自治管理体系，实行寝室长负责制、层长承包制、楼长责任制、辅导员每天走访制。建立学生议事机制，公开选拔楼长、层长和自治委员会成员，构建三级学生自我管理体系。

落实责任分工。各楼幢楼长在学区“片儿警”的指导下，独立负责本楼栋的寝室卫生和文明工作。学区“片儿警”、楼长、楼栋联系人与本楼栋入住辅导员、宿舍管理员每周召开楼栋工作例会，共同商议楼栋卫生建设和文化建设事宜，并开展楼栋内的巡查和督查，开展寝室文明卫生检查。

3. 筑平台、凝特色，依托团建繁荣学区文化。

一是开展“爱我家”文明意识培养活动，举办生动活泼的“主题团日活动微策划大赛”，开展“如何深入实践当代温大人共同价值观”大讨论活动，发起“文明寝室倡议书签名”系列活动。

二是开展“筑我家”文明寝室创建活动，在鼓励各学区开展独具特色的“生活文化月”基础上，举办“寝室设计大赛”“寝室内务管理创意大比拼”“文明寝室示范岗”等活动。

三是开展“秀我家”文明习惯巩固活动，开展“‘我的寝室我的家’系列微话题大赛”“寝室风采秀大赛”“文明寝室经验一席谈”“寝室读书沙龙”“室歌创作赛”“兴趣寝室对对碰”等活动。

4. 亮身份、做表率，发挥党员在学区的模范带头作用。

注重考察学生在公寓的表现。学生在寝室中的文明情况作为其平时先进性表现的重要内容，予以重点考察。在寝室文明建设中表现突出的寝室和个人，优先考虑其成员推优入党，表现差的则实行一票否决。针对表现差的学生预备党员，则延长其考察时间，直至取消预备党员资格。

发挥党员模范作用。学区党组织在学生楼栋醒目位置设立学生党员公示牌，所有学生党员“亮身份、受监督、显作用”。学区党组织在学生楼栋设立学生党员服务站、学生党员示范岗等。

全面推进“大学生预备党员 50 小时义工制”。以党员“岗位创先锋，实践做表率”活动为载体，坚持按需设岗、人人定岗、以岗定责，真正把“大学生预备党员 50 小时义工制”作为学区文明建设的重要载体。

生动出彩的“五个一”工程

中国计量学院在全校学生中发起了“学生社区建设理念”征集活动，经过广泛征集和筛选，确立了“我做主，我来建；我快乐，我成长”的“四我”学生社区建设理念，全面体现以学生为本、快乐成长的现代教育理念。“我做主，我来建”，强调养成教育主体性与实践性的结合，在文明寝室建设中，学生是主体，激发学生积极主动地参与是关键；“我快乐，我成长”，强调教育过程快乐和目标成长成才的统一，通过让学生在文明寝室建设实践中获得最直接、最生动、最充分的快乐体验，促进学生健康成长成才，这是教育也是文明寝室建设的根本目标所在。

一分一生，养成良好行为习惯

著名教育学家叶圣陶先生提出，“德育就是养成良好的行为习惯”。为加强学生良好行为习惯的养成教育，在征得省教育厅主管部门的同意和支持后，学校全面实施了学生行为量化考核，在省内高校首创开设“思想品德行为实践”必修课程，正式纳入教学计划，设 1 个学分。该课程把学生在日常生活中的表现和行为纳入课程管理，通过“学生行为考评系统”，为每位学生建立一份“行为档案”，将其在校的品行表现逐一记录。

“一分”覆盖大学四年每个学期，贯穿一个学生大学四年学习生活的全过程。课程设立的初衷是希望通过一些与日常生活相关联而又力所能及的实践，使学生在行为体验与自我反思中得到教育，并最终促使其“内化践行”，养成良好的品行。大学四年是学生人生观、世界观和行为习惯形成的关键时期，倘能有些许效果，则将如哲学家培根所说，“习惯是一种顽强的力量，可以主宰人的一生”，最终将会影响学生的一生。

一楼一品，特色文化富有新意

以建设"一楼一品"特色公寓环境为目标，根据二级学院的学科专业特点，通过不同特色的公寓主题建设，打造以公寓门厅、活动室、连廊为一体的特色公寓文化。如由经管学院负责的2号公寓楼大厅两面主题墙分别用经济学、管理学的知名学者、著作的名字来装饰；由法学院负责的3号公寓楼大厅悬挂的书法作品和人物肖像画都体现了法学精神；4号公寓楼紧密结合生命学院的"活力生命"主题进行设计装饰；7号公寓楼以"信息之眼@你，@我"为主题，形象地展现了信息学院的计算机互联网特征等。"一楼一品"特色公寓环境使学生在日常生活中接受先进文化的熏陶和文明风尚的感染，促进学生在文化自觉中全面发展。同时，大厅内设立休闲区域，摆设形状、颜色不一而又造型时尚的桌椅，方便学生会客、小憩和休闲，深受广大同学欢迎。

一室一友（师），师生互动关怀到"家"

学校在继续实行干部党员"三联系"的基础上，推行"教师联系寝室制度"，全校1700多名教工，结对联系学生寝室5050个，达到学生寝室联系全覆盖。在大一学生中实施"寝室助理"制度，从高年级学生中选拔品学兼优、综合素质强的学生担任寝室助理。这一措施覆盖全部大一寝室。某高校通过对2009级和2010级学生的调查研究显示，大学期间，在"同寝室同学、同班同学、班级干部及其他学生干部"这三个选项中对学生影响最大的是"同寝室同学"，其中大一新生选"同寝室同学"的占77.96%。由品学兼优的高年级学长直接联系新生寝室，更容易沟通，用自己切身体会帮助新生解决入学时的各种困惑，效果往往更好。"寝室助理"凭借自己学哥学姐的身份优势，与新生零距离交流思想、释疑解惑，适时给予学习建议、生活提醒，在协助引导教育新生的同时，也在实践中锻炼提升了自己的综合素质和能力。

一人一号，文明上网倡导良好寝风

针对大量不良网络信息会给青年学生的身心健康带来负面影响，令其沉溺于网络而影响正常的学习生活等情况，学校从技术与管理两方面着手对学生上网行为管理进行了积极探索。他们与中国移动合作共建的校园无线网络项目进入信号覆盖和优化阶段，目前可在教学区与生活区实现"一人一号"，即每个学生通过自己的学号登录校园内无线网和宽带网，为学校日后推行学生上网时长、上网内容控制等措施奠定了基础。学校还先后出台了《学生寝室电脑（手机）文明使用规定（试行）》《中国计量学院开放学生网络与上网套餐管理办法》等制度，倡导学生远离网络游戏，文明上网、健康上网、适度上网，养成健康的网络生活方式。

一院一彩，主题活动百花齐放

各二级学院按照“结合专业学习、融入思政教育、培养人格能力”的总体思路，积极开展富有学院特色、品位高雅、形式新颖、内容丰富的精彩社区文化活动，至少形成一个具有影响力的社区文化精品。如人文学院以“知己之遇、知书达理、知行合一”为主题开展寝室文明建设系列活动，被评为校级校园文化活动重点项目；理学院组织了“情定爱‘寝’海”寝室文化节，包括“心寝·DIY”寝室装饰大赛、“寝有独钟”寝室才艺大赛等系列活动，紧贴学生实际，又富有理学特色；量新学院寝室文明标语和书画大赛；理学院“理学知识冲浪，寝室魅力绽放”；计测学院“绿色寝室”志愿活动；质安学院的寝室英语“一帮一”、寝室读书“半月谈”等。这些各有特色的文化活动极大地丰富了学生的课余生活，营造了良好的寝室文化氛围，充分发挥了社区文化的育人功能。

学生公寓管理服务活动集锦

丰富多彩的学生公寓文体活动场景

中西合璧的学生公寓书院制

绍兴文理学院从2010年开始实施学生公寓书院制改革，借鉴中国传统书院精神和西方住宿制学院理念，给学生寝室注入了更多的文化因子，丰富学生文化生活，构建大学生理想的精神家园，推动大学从单纯的“专业培养”向具备社会适应能力的“全人教育”转变。学校在南山校区、兰亭校区和上虞校区成立阳明书院、羲之书院和东山书院试点书院的基础上，增设树人书院、竞雄书院、青藤书院、成章书院、建功书院、仲申书院、文澜书院等七个书院，学生公寓全面实行书院制管理。

在硬件配置方面，学校按照书院布局，开辟书院办公场所和学生活动场地，改善书院用房等硬件配套设施。学校以公寓标准化建设为契机，专门投入2500万元加强了书院软硬件设施改造，在学生公寓区增加“公寓之家”、学生报告厅、健身房、文化娱乐中心等学习活动场所；并根据书院工作需要，为每个书院新建了书院办公室、书院活动之家，建立了校区学生事务服务大厅；每个楼幢均在一楼腾出6—8间学生公寓，作为师生交流室、心理辅导室、病号房、辅导员值班室和学生干部活动室，切实改善学生的生活条件和硬件环境。

在学生服务体系方面，学校立足书院所属学生学科和专业背景，选聘书院常务副院长、副书记、学业导师和生活导师，建立学生自治组织；学校开展了“相约星期三”活动，采取校领导联系一个书院、中层干部联系一个幢区、教师联系一个寝室、高年级学生联系低年级学生的方式，加强对书院的指导，开展与学生的交流。学校在书院设置就业指导、学生事务办理等工作室，建立“知心工程”。做好书院学生中在经济、学习、思想等方面存在一定困难的特殊群体的建档工作，实行动态跟踪管理；构建“先进带落后、一同促进步”学业帮扶互助机制，发挥书院学生党团骨干的学业互助先锋引领作用；

完善书院“贷、勤、奖、助、补、减、免”的资助体系，为经济困难学生提供勤工助学岗位。组建和培养了一批书院诚信驿站、书院墙绘、书院宣讲员等学生团队，增强学生自我服务、自我管理、自我教育方面的意识。

建功书院廊道

在文化活动方面，学校注重学生社区精品文化活动，设计书院风格，布置文化环境，结合各书院学生的学科特点和书院指导教师的专业特长，树立“一院一品”，建立各书院的文化特色，宣扬各书院的文化理念，扩大各书院的文化影响，加强学生在学科竞赛、职业规划、团队合作、心理成长、体能储备等方面的素质拓展，促进各书院学生的个性化培养。学校开展了各类面向学生的课外素质拓展，以书院为单位开展“书香寝室”“外语寝室”“考研寝室”评比，积极营造“学习型寝室”的学习氛围；征集并评选了一批代表各书院学生学业、专业水平的优秀作品，由书院收藏并统一装裱，装饰在各书院寝室廊道，促进各书院学生间的文化交流，营造“每个人都能出彩”的书院文化氛围。此外，建立了学生书院党团组织，开展管理育人、服务育人、文化育人和品行育人等四大育人阵地建设，充分发挥学生干部在书院中的朋辈引领作用，使学生公寓成为对学生进行思想道德教育和行为养成的大学生活重要场所。

竞雄书院诚信驿站

积极发挥寝室的育人功能

浙江海洋学院积极探索以助推学生成长为出发点和落脚点的育人机制，大力提升学生参与意识，充分发挥学生主体作用，切实体现寝室的育人功能，努力为学生营造一个温馨和谐的学习生活环境。

养成文明的生活习惯

结合日常宿舍卫生检查工作，推行“卫生示范寝室”挂牌制度，促进学生养成良好的劳动习惯。如食品与医药学院每月实施“十佳寝室”和“十差寝室”评比，全院公示寝室卫生成绩。“十佳寝室”门口悬挂流动红旗以资鼓励，并奖励生活用品；“十差寝室”则采用公开批评等方式进行督促整改。每年11月，学校举行“美家行动”和“寝室风采秀”等以寝室布置装饰为主题的活动，主要由寝室内务评比、寝室团队活动和寝室风采展示等内容构成。主题活动使寝室成员进一步增强了“寝室就是家，室友就是家人”的意识，也对营造积极、乐观、协作的寝室氛围有很大的促进作用。

积极开展“三走”活动，号召广大学生走出寝室、走下网络、走向操场，开展宿舍区以楼幢为单位的群体体育活动，倡导推行“每天运动一小时、上网不超过两小时”的健康生活。

设置早上6：30晨乐叫醒，晚上10：30休寝音乐提醒，帮助学生养成良好的作息习惯。

校学生膳食委员会定期进行时令最佳食品的推荐宣传活动，倡导健康饮食。

培养高雅的生活情趣

公寓区开展每月固定一日的“寝室集会”，举行好书漂流会、跳蚤市场等活动。海洋科学与技术学院、人文学院连续多年开展寝室文化节、寝室文化休闲周等活动，这些活动主题鲜明、形式多样、内容丰富，吸引了同学的广泛参与。在重阳节、元旦等节庆日，举行贴对联、剪窗花、插花、

人文学院寝室文化节年年创新意，图为“我为宿舍添风采”风筝设计大赛场景

灯谜会等文化活动，打造有格调的课余休闲生活；举行寝室门装饰比赛、收纳盒制作比赛等活动，营造“文明之家”氛围。在宿舍区公共区域挂置学生创作的优秀书法、摄影、绘画作品，提升楼幢文化品位。例如东海科学技术学院举办“诗意寝室”创建活动，动员学生为自己所在寝室命名，共制作 97 个寝室挂牌；与校离退休工作处联合开展首届书画优秀作品征集活动，征集到优秀作品 130 余幅，其中 23 幅作品已装裱挂在定海校区寝室楼道内，营造了笔墨书香的居住氛围。

注重信息交流。学校在每个楼幢设置一个留言板，作为本楼幢学生自由表达的“发言区”。船舶与海洋工程学院、经济与管理学院认真做好学生寝室信息上墙工作，将印有学生、联系教师等资料的信息牌上墙，进一步明确责任，也促进了寝室文化建设。

配合校团委开展的大学生文明礼仪主题教育实践活动，对在校学生的相互来往进行合理引导，积极促进男女生有礼有节的交往。各学院同时成立了自查小组，不定期开展自查工作。

营造上进的学习氛围

设立“楼幢达人秀”，展示楼幢内各类先进学生风采，在学生中树立典型。如海运与港航建筑工程学院在 J 楼的一楼楼道口专门设置半军事化管理的榜样学习区，将最近在半军管方面做得出色的同学事迹张贴在“千星领航”区域，让同学学习，并定期更新。同时也在“千星领航”区域记录下半军事化管理的进展情况。

发掘并挂牌一批“书香寝室”“考研寝室”“考公寝室”等学风优秀寝室，营造比拼赶超的学习氛围，进一步促进学风建设。

张贴生动温馨的学习警示，提醒学生远离网游，关注现实生活。

进行积极的思想引领

加强学生的思想政治教育，学校在已设书苑的公寓楼中，每幢至少建设一处“学生党员之家”，成立楼幢虚拟党支部，在学生中发挥引领作用。数理与信息学院以学生党员责任区建设为载体，开展“三自”委员虚拟党支部进学生寝室的党建工作。学院在公寓书苑举办入党积极分子谈话、组织生活会、党员寝室挂牌等活动，大力推进学生寝室党建工作，以增强学生党员的党员意识并发挥其先锋模范作用；持续进行“党员亮身份行动”和设置党员先锋岗等示范活动，在学生中起到行为感召作用。

港航学院在新城校区J楼三楼书苑设置了航海党支部党员之家，党员之家始终围绕“服务同学，引领先进”的理念推进工作，成为该学院开展学生党建活动的阵地、学习理论知识的园地和学生支部建设的载体与抓手。目前，该学院半军事化管理下的学生寝室已经成为全校寝室文明建设的标杆。在推进团组织进寝室工作中，各学院注重扩大党团组织的辐射面、渗透力、影响力，强化团组织的教育、引导、凝聚作用，使寝室的教育功能得以充分发挥。

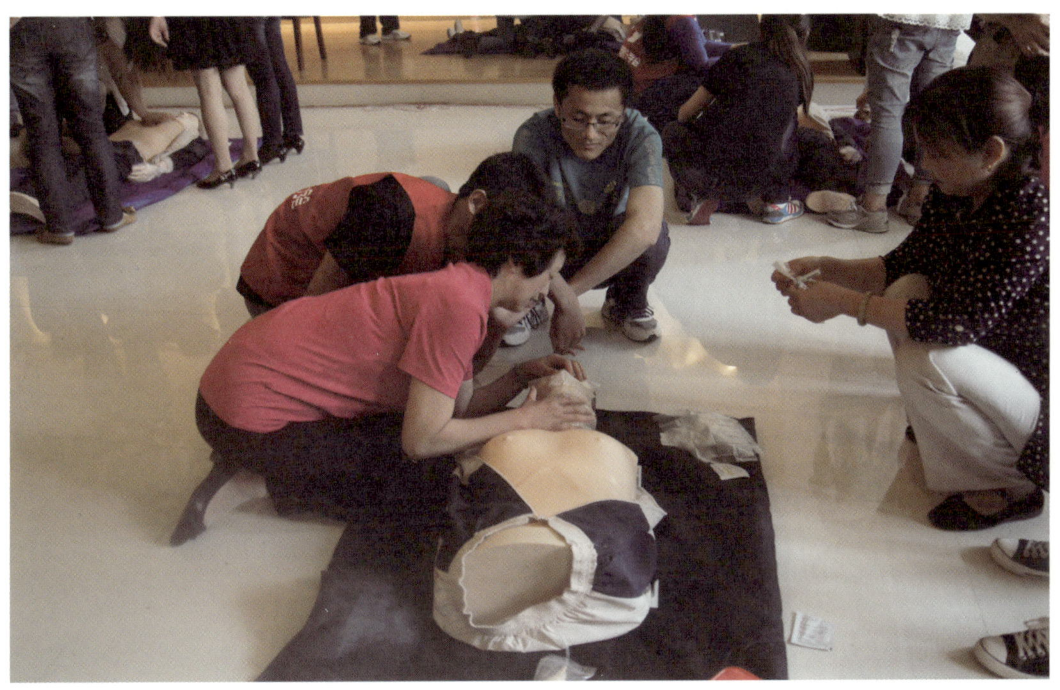

宿管员参加市红十字会和校医疗中心联合举办的现场急救培训

助益学生成长的“三色”教育

浙江中医药大学积极推进党团组织进公寓，成立了公寓团工委，依托学生公寓党员之家、心理健康咨询中心等阵地，创新公寓德育品牌，探索开展“三色”教育。

实施“红色”激励教育，继承和发扬革命传统，活跃和丰富大学生业余文化生活；实施“绿色”成长教育，建立公寓绿色传媒、网络、广播、小报，全方位给大学生灌输健康、积极、向上的绿色精神，旗帜鲜明地开展以绿色生活为主题的系列文化活动，完善公寓心理健康教育，让学生拥有绿色的心灵；实施“黑色”警示教育，用违章使用电器、违反交通规则、学生治安事件等反面案例警示大学生，使大学生从中受到震撼、警醒和教育。通过“三色”教育，拓展了公寓学生参与渠道，引领了学生成长成才，促进了学生公寓的安全稳定。

以绿色的理念、红色的主题开展公寓文化建设

同济大学浙江学院举办以“为社区添‘绿’ 为自己增‘彩’”为主题的签名活动，活动以绘画海报和倡议书的形式围绕“我们是一个大家庭”的标志进行宣传。同时还在公寓内开展多种形式的主题宣

传活动，如消防安全、防范艾滋病、禁烟宣传等，不断提高学生安全意识。学生和公寓服务人员一起参加消防演习，提高应对突发事件的能力。

学校自 2009 年开展首届“寝室吉尼斯大赛”以来，每年定期开展社区文化活动。今年开展了学生社区文化节，开展了包粽子、最温暖阿姨评比、学院好室友、蛋糕 DIY 比赛等活动，进一步丰富了学校的寝室文化，充实了同学们的课余生活；增强了寝室的团队合作精神，加强了寝室之间的团结和学院内部的交流，激发了同学们内心对寝室大家庭的热爱。活动的评审工作全部由学生担任，活动的成果及后期效应都令人满意，受到了老师及同学们的肯定及好评。

学生党支部“党员亮身份”活动

首先是由各系党支部独立开展检查活动，每两周开展 1—2 次抽查，结合社区服务中心提供的例行检查数据一起进行计算。对表现优秀的党员寝室，挂“党员示范寝室”牌，并反馈给相关班级，作为评优评奖的重要参考依据。对表现较好的党员床铺挂“我是党员，请监督”牌，并要求不断提高。对表现较差的党员进行批评教育，经教育仍无明显改观者，将对该寝室学生党员给予相应处理（支部全体会议进行点名批评和谈话），并限期整改，严重者或是屡教不改者报系总支备案进行处理。

在公寓开辟“党员之家”

公寓党员之家实行专人负责管理，负责人由学生党员担任。实行“学生党员先锋岗”值班制度，以各党支部为单位，安排学生党员值班，负责日常的管理和入党咨询等服务工作，促进党员自觉学习，提高党员服务意识，发挥党员模范作用。

高年级学生党员联系新生寝室活动

要求参加联系活动的党员与被联系寝室学生建立良好的关系，将本人电话留给所联系寝室学生；采取座谈、个别交流和参与寝室活动等多种形式，主动和学生谈心、交朋友，引导学生树立正确的人生观、价值观和择业观，刻苦学习，乐于奉献，奋发向上。深入寝室开展谈话谈心工作，了解掌握学生的思想动态，及时进行教育引导，帮助他们健康成长，并做好工作记录。及时掌握学生的学习、生活情况、心理状况及苗头性问题和困难，提出解决困难与化解矛盾的建议、对策和措施，并及时与该学生所在系学工办联系。每月与班级辅导员或班主任至少交流一次，并填写登记表。

循循指导师长心

「桃李院落和淡墨，孔孟府第赏韵文。」高等学府，是知识的殿堂，是学问的方塘，更是修炼品性、学习做人的特殊时空与场域。淡墨作画，绘的是宁静幽远的境界；韵文当琴，奏的是文润恭俭的乐章。大学生，不仅要长心气、增才气、添灵气，尤要除傲气、灭霸气、去娇气；不仅同学之间要相互谦让、相互包容，形成一个个和谐的学习集体和生活集体，就是日常起居、吃喝拉撒等看似十分寻常的个人生活小事，也要严格遵守学校的有关规定，自觉养成良好的行为习惯，并且努力成为全社会的楷模与典范。

院士级别的“新生之友”

浙江大学历来重视干部教师联系寝室工作。在校党委书记金德水的倡议下，在原有的辅导员、班主任、德育导师下寝室联系学生工作制度的基础上，学校于 2011 年 8 月推出了“新生之友”寝室联系制度，倡导教职工志愿报名担任新生之友，与本科一年级学生建立联系，开展学业指导、生活帮扶和思想引导工作。此举得到了全校教职工的积极响应，两年来共有近 3000 名老师担任“新生之友”，其中不乏院士、

爱心屋

首席科学家、长江学者、国家杰出青年基金获得者等大批优秀学者。

为评价学生在寝室中的品德及行为表现，学生的寝室纪实考评在学生综合素质考评体系里占有较高的权重，所占比例由原来的15%提高到20%，加大了纪实考评的评价力度。在实际操作中，首先由宿管部门对学生在寝室内的行为进行详细的纪实考评，具体包括寝室卫生成绩、个人卫生成绩、奖励事项、违纪事项、寝室文明建设等五大块内容。然后学工部门按照一定比例纳入学生的综合素质评价中，并将考评结果与奖学金、三好学生、优秀团干部等直接挂钩。

具体详尽的“三情三记”

浙江工业大学以“三情三记”为载体，整体推进文明寝室建设工作。学校以《生情日记》《寓情笔记》《楼情手记》等“三情三记”为载体和纽带，要求辅导员、班主任、干部教师、楼长、寝室长等通过走访、联系、进驻等形式进公寓、进寝室，督促教育工作者全面、真实地了解学生，增强服务育人的针对性和有效性，同时树立了一批十佳优秀寝室等各类先进榜样。

充分发挥网络为大学生学习、生活服务功能，丰富公寓自治委员会服务渠道和空间。目前建立学生公寓自治委员会QQ群1个，分会群17个，楼长群4个，公寓群51个。开设了腾讯网“浙工大学生公寓自治委员会”微博，人人网“浙工大学生公寓自治委员会”，浙江工业大学学生会微信等网络及时信息发布渠道，为学生提供各类咨询、生活资讯、前沿信息等服务。

温馨暖人的“长辈护家”

文明寝室建设学生意见征询会

杭州电子科技大学在学生公寓内倡导“长辈护家”，变“集体化管理”为“家庭式教育”。辅导员、生活指导老师等用“家庭式”的教育管理方式，关心照顾着每一位在住学生，既似严父，又像慈母。辅导员孙小平被同学们亲切地称为“楼爸”；公寓值班阿姨丁桂凤工作十多年如一日，被评为下沙高教园区最可爱的宿管阿姨。学生公寓管理部门始终坚持“一切以学生为本”的服务理念，每年开展各个层面的“问需座谈会”上百次，创造性地开展了每月一次的“爱心服务日”活动，累计服务上万人次；推出了面向学生的十项实事服务，提升学生生活品质。在餐厅推出“病号餐”服务项目，专门为生病的学生无偿提供蒸煮工具，便利学生。每年春节为留校学生开放活动室，提供有线电视、乒乓球、棋类等娱乐活动设施，并为他们精心准备了年夜饭以及免费亲情电话，营造温馨、浓郁的节日氛围。积极开展学生生活、生存、生命教育系列活动，引导同学们热爱生活、珍惜生活、享受生活，努力为学生公寓营造“家”的温馨氛围。

春节留校学生自包饺子

学生寝室的"成长导师"

浙江理工大学聘请全体校领导、科级及以上干部、广大教师担任学生寝室成长导师，全面实行干部教师联系寝室制度，确保每个学生寝室都有1名干部或教师联系。目前，该校1342名干部教师分别联系了全校4786间学生寝室，成了学生成长成才的重要指导力量。该校还出台了《干部教师联系寝室制度实施办法》，要求每一位寝室联系教师每月到学生寝室走访不少于1次，联系走访情况在《学生成长导师工作手册》上进行实时动态记录。学校每位校领导联系1幢学生公寓楼，带头深入学生寝室，与学生亲切交流，有力地调动了广大干部教师投身文明寝室建设工作的主动性和积极性。

党委书记吴锋民（右三）走访学生公寓

校长裘松良（右二）走访学生公寓

全面覆盖的“寝室之友”

浙江工商大学于2012年面向全校本科生寝室启动了“寝室之友”工程。鼓励热爱学生、爱岗敬业、甘于奉献的在编专业教师和校党政群机关干部志愿报名担任，鼓励党员干部和具有高级技术职务的教师、学校中层以上干部、教工党支部书记带头参与，走入寝室，走近学生，与在住学生开展形式多样的交流活动，关心学生、帮助学生，争当热爱学生的好老师和学生喜欢的好朋友。推行“寝室之友”工程，有利于形成辅导员、班主任、导师、教职工全员育人的格局，充分发挥广大教职员工在学生成长成才过程中的思想引领、生活指导、专业助推作用。

时任校党委书记蒋承勇与同学们共进午餐

与此同时，学校采取多项措施发挥学生的主体作用：通过设立学生公寓管理委员会、楼层长、监督员等，以学生为主体，开展寝室卫生督查活动和文明寝室建设考核工作，并将寝室卫生检查结果纳入学生综合素质评价体系和各学院学生工作考核体系，让学生、学院、老师都关心此事；汇聚集体智慧，充分发挥学生在文明寝室建设过程中的积极性、主动性与创造性，通过开展学生社区文化节、特色寝室评比等各种公寓文明建设活动，增强活动实效；充分发挥学生党员、学生干部在活动中的模范带头作用，通过“党员小学生”“师友三人行”“驻寝党员”等多种方式，调动学生参与文明寝室建设活动的积极性和主动性，使学生“自我教育、自我管理、自我服务”的能力得到充分发挥。

校长陈寿灿走访学生寝室

公寓管理的网格模式

浙江树人学院把全校学生公寓当成一张网格，让网格中的每幢公寓、每个楼层、每间寝室都有责任人。在工作中，每位学校领导联系一片公寓区；相关职能处室、各学院主要负责人联系一幢学生公寓；

学生辅导员以年级或专业为单位，负责1—2层学生寝室；后勤管理干部、楼长、门卫等也有各自的责任区。同时，做到两个确保：确保每个寝室有一名责任干部教师，确保一名学生党员（部分入党积极分子、团学骨干）联系一个寝室。网格的划分可以明确不同片区、不同网格的责任，将文明寝室建设职责层层分解，落实到人。同时，公寓管理部门还划定了楼宇、楼层、保洁、安全责任人，制定了网格管理的片区职责、楼宇职责和楼层职责，实行分片包干、横向到边、纵向到底的管理格局，形成网格化的管理模式。与此同时，继续坚持做好规范的日常检查及寝室走访工作，坚持楼宇管理员对管辖区内的学生寝室每天走访一次，并且形成寝室走访记录，坚持每周检查寝室一次，对检查结果进行通报。

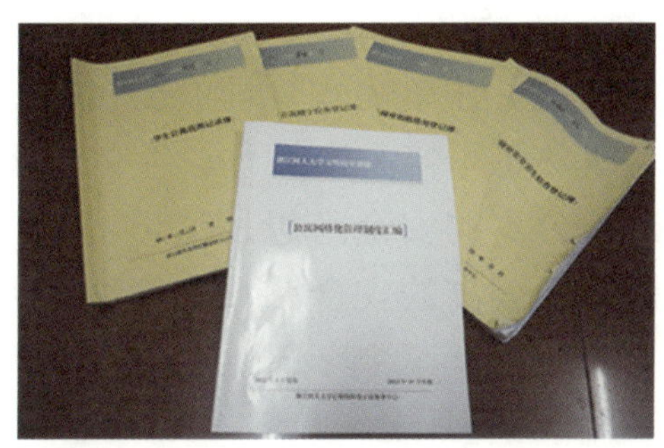

学生公寓活动一览

"丁叔""根叔"的眷眷照应

浙江师范大学的学生公寓管理以小区化管理为主，公寓管理人员与学生的日常沟通交流机会不多，很难为学生提供个性化服务。从2011年开始，该校先后在初阳公寓、留学生公寓、新桃源公寓、桂苑公寓实行单幢式管理，取得了较好成效。在单幢式管理的公寓内，通过制作学生信息卡，管理员可以尽快熟悉本幢公寓在住学生的面容和基本情况，从而杜绝了外来人员进入公寓的安全隐患，禁止了销售外卖和上门推销商品的行为，大大提高了公寓的安全系数和管理服务水平。同时，增设"生日祝福墙""许愿墙"等设施，开展心情气象站、毕业生合影等特色活动，为学生提供个性化服务。

与此同时，该校积极倡导员工与学生之间的亲情化沟通，为学生解决日常生活中遇到的各种小问题，努力用心为学生营造一个温情的家园，将公寓的管理服务工作从"看好门、扫好地、不出事"逐渐转变为"了解人、关心人、服务人"，让学生在公寓中感受到家庭般的温暖和父母式的关爱，使学生与管理员之间建立良好的关系。公寓管理员做到"微笑式服务、亲情式管理"，涌现出了一批先进代表，受到师生的普遍好评。丁叔、根叔的先进事迹被《中国教育报》《钱江晚报》等社会主流媒体报道，我校基于"丁叔""根叔"的优秀表现，在2012届毕业生典礼上，他们作为职工代表上台发言，营造了一种积极向上、温情服务的育人新风。

学生公寓里的“阳光俱乐部”

浙江建设职业技术学院在实施“思想政治教育进公寓”过程中，为全面深化学院的“心育”文化品牌，通过四级网络开展心理健康教育进公寓工作。心理中心开展入学时的“迎心”工程（新学期，“心”适应），学习中的“开心”工程（开心生活，快乐学习），实习中的“暖心”工程（感恩父母，回报社会），进而通过阳光寝室系列活动全面打造温馨育人的生活环境，铺筑学生成长成才的阳光之路。学院在 18 栋学生公寓中分别设有一间装修完善、设施齐全、环境温馨的“阳光俱乐部”，各公寓辅导员可利用俱乐部，为本楼学生开展心理咨询、思政教育、文化沙龙等活动，对全面服务学生和教育引导学生起到了积极的推动作用。

学生心理咨询室

系统完善的“家文化工程四部曲”

筑家工程：完善加装点，共筑爱之家

1. 对照标准，打好基础。

温州医科大学以全省公寓标准化建设工作为契机，专门设立“学生公寓维修基金”，保证每年对学生社区建设的资金投入，为文明寝室建设提供了有效的资金保障。2012 年投入 910 余万元，建设 47 项社区项目，2013 年追加 1000 多万元，完善社区基础设施。截至目前，学校已投入 2000 多万元用于社区硬件设施建设。完成基础设施建设主要如下：

所在区域	内容	数量
寝室内部	电风扇	4235 台
	改造寝室	3533 间
	书架 + 书桌	3141 只 +2550 张
公寓楼内	综合办公室	27 间
	宿舍门禁系统及电子围栏	31 套
	吹风机	200 只
社区公共区域	社区休读点 + 宣传橱窗	1+12 处
	河道驳坎 + 河水治理	663 米

学校还突破用电总容量限制瓶颈，紧锣密鼓地推进空气源热水工程和空调租赁工程。

2. 提升特色，优化环境。

除做好规定的基础设施建设外，学校还通过添置特色设施，提升优化育人环境。设置大厅信息发布系统，可实现点对点播放，日常可实时播放新闻，播放安全卫生检查结果、各类通知、休闲视频等内容，方便信息传递。在社区成立社区图书馆，让学生不出社区就能借阅图书，同时为社区添一抹书香。咖啡小屋引领一股休闲咖啡文化，景观长廊为社区添一份文化精致，社区服务大厅方便学生服务。一系列特色设施的增设，让社区温馨如家。此外，在社区内设立的留学生工作站、社区心理健康与职业发展咨询室，为学生提供了多样化、多功能的服务场所。

温馨社区展示

警务室揭牌

留学生工作站

3.“一楼一品”，楼道文化巧装点。

通过开展“一楼一品”楼道文化装饰大赛，发挥学生主人翁意识，通过自己的双手勾勒自己的家园蓝图，楼层长通过与在住学生的共同努力，共同装点自己的美丽之家。

爱家工程：社区微温暖，润物细无声

1. 深抓思想引领，做好学生思想领航员。

爱在屋檐下——爱的引领。微行动、微温暖、微感动，社区洋溢着爱的温情，传递着爱的故事。“爱心小粥”“同窗互助”“爱心自行车”“爱心月饼”“温情鸭蛋”“温情粽子”“爱心缝补”等社区学生互助互爱微行动，让学生感受到来自社区大家庭的一份浓浓亲情与爱的呵护，让学生在爱的引领下心怀感恩，学会付出，提升修养。

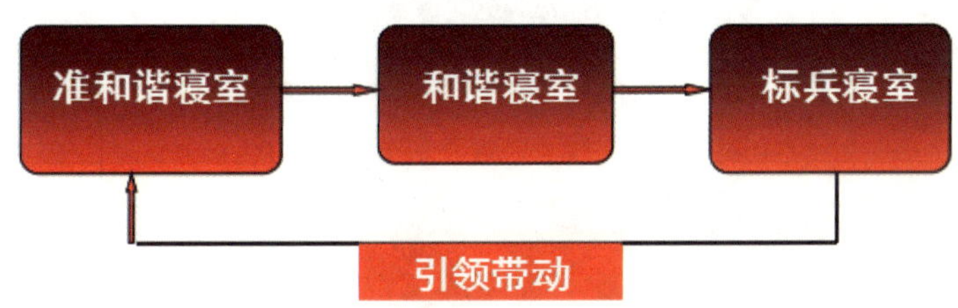

标兵引领：三段式寝室孵化蜕变工程

党团活动进社区——党团引领。在社区开展党员联系寝室、党员先锋服务岗、党员示范寝室及开展各类团学活动，以党、团旗帜为引领，发挥党员、团干们的先锋模范作用，引导学生规范日常行为，形成寝室文明之风。

立杆树标——标兵引领。标兵寝室的引领带动，使得准和谐寝室渐渐向和谐寝室直至标兵寝室蜕变提升；在此过程中，使寝室及在住学生于潜移默化中加强文明建设，逐步得以改善、完善。

教师进寝室——教师引领。深化干部教师联系学生寝室工作，制定《干部教师联系学生寝室工作指南》，建立激励考核等长效机制，发挥教师对学生在生活上、学习上等各方面的教育引导效应。

2. 创新工作载体，同窗互助体系传递微温暖。

学生工作部创新理念，提出了“诚信护航，载爱前行”——学生社区诚信暨公益同窗互助体系。这一体系通过依托社区“诚信系列小铺”的平台及社区同窗互助“微爱”公益服务，在日常生活中浸润着在住学生，使同学们逐步形成诚信自律、文明有爱的良好品行。

项目内容主要包含：

以诚信自助小铺为代表的诚信教育体系。由学生社区志愿者们进行日常维护，采取无人销售运作模式，学生自助投币取物。以诚信率检验学生诚信，低于 85% 的楼幢实施撤柜。诚信道德教育工作载体，也是践行社会主义核心价值观的有力举措。

诚信打印小铺

作为社区学生自治的延伸，以社区“微爱”同窗互助公益服务为主体的社区学生互治体系，通过热线 580580 预约各项公益服务。主要包括提供“八心”志愿服务的社区志愿服务三站，社区自助工作坊中提供 5F 免费服务的自强自助队伍。当学生生病虚弱时，只需发送短信至 580580，每晚九点便有社区志愿者将爱心车送至寝室，一碗爱心粥，暖胃更暖心。自 2015 年 5 月开始运行近一年时间内，便送出爱心小粥 3500 余碗。自助工作坊的自强自助队伍成员，家贫志坚，通过自学获得技能，为同窗提供免费修鞋、修伞、修剪裤管等服务。值得一提的是学生利用暑期，整修、翻新废旧自行车，首批 200 辆爱心车与 2013

级新生贫困生结对，找到新主人，300 辆经修理后的自行车还成为学长送给新生的礼物。学生在自我服务与服务他人的过程中，逐渐懂得感恩，学会付出，提升修养。

两个体系融合后形成一个由诚信自助小铺作为资金来源的社区“爱心基金”，支撑社区公益服务，形成“诚信—公益”链为主线的同窗互助长效体系。部分受助群体的反哺，使得“诚信—公益”链得以良性循环。

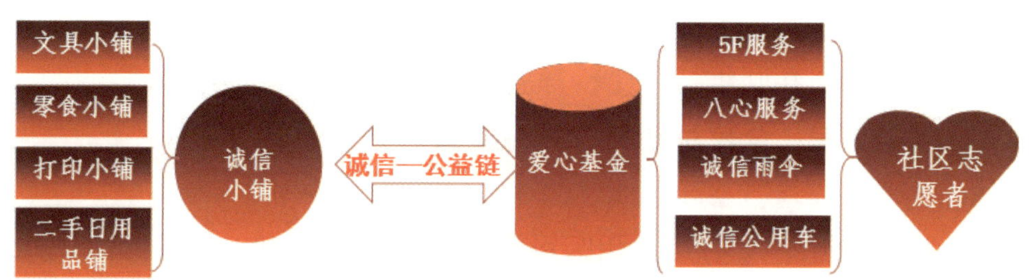

“诚信 — 公益”链

诚信自助小铺盈利所得除去自身运转所需资金外，供给社区微爱同窗互助公益服务近一万元，目前“诚信—公益”链运转正常。且该服务所折射的光辉也在不断辐射着周边及社会，传递一股正能量。人民网、新华网、《浙江教育报》等各级媒体都给予了宣传报道。

护家工程：共创文明风，用心护爱家

1. 护安全，抓稳定。

第一，加强社区值班工作，日常值班过程中，值班处长与入住辅导员有效沟通，及时、快速地处置社区里的各类突发事件，维护社区的整体安全稳定。

第二，开展寝室消防安全演练，训练学生的消防逃生技能，提升学生遭遇突发情况时的应对能力。

第三，社区安全知识宣传，普及安全防范知识，提高安全防范意识。

第四，开展寝室安全检查，严肃查处违章使用电器并通过即时通报、教育整改等措施，培养学生的寝室安全意识，引导学生养成文明的生活习惯。

同时，在社区设立社区警务室，由专职警务人员值班，加强社区的安全警备，提升在住学生的安全感。

2. 护卫生，抓文明。

注重学生的文明养成教育。与每个寝室签订文明公约，争创文明人； 开展“垃圾不落地，护家小卫士”行动，养成不随手丢垃圾的文明习惯；通过各大志愿服务社的社区卫生包干区的划分与认领，在住学生共同做好对家园环境的护卫；定期开展寝室安全卫生检查，及时公布检查结果，各学院互比互进。通过上述一系列工作，安全卫生检查优秀率由原先的 15% 升至 30%，不合格率由原先的平均 5% 降到 0。学生在不断的外力督促和自身的自律约束中，养成了文明卫生的生活行为习惯，并共同维持一个干净整洁、文明有序的社区家园。

融家工程：全家总动员，爱在屋檐下

1. 三层联系，全员育人。

学校出台了《中共温州医科大学委员会关于进一步加强学校文明寝室建设的实施意见》《干部教师联系学生寝室实施办法》《学生社区管理规定》《学生社区纪实考评办法》等制度，为文明寝室创建工作提供了育人机制保障。

在干部教师联系学生寝室实施过程中，学校开展三个层面的联系工作，11 位校领导联系 11 幢学生公寓，100 余名中层干部联系 100 余层学生公寓楼，600 余名干部教师联系 2700 间学生寝室，以“走得进、坐得下、聊得起”三句话为工作基本要求，通过茶话会、师生午餐会、师生趣味运动会等形式，教师与学生相约寝室，相约午餐会，相约球场，相约阳光下，一起谈百味人生，谈大学爱情，谈烦恼忧伤。干部教师聆听学生的心声，为学生排忧解难；同时也用自身的亲身经历，引领学生健康成长。

各学院也广泛开展干部教师联系学生寝室工作，并制定各学院的干部教师联系学生寝室制度，建立激励考核等长效机制。

2. 学院主体，校院共建。

学校自 2012 年 6 月推行由学生寝室卫生管理和文明建设领导小组领导，学生社区工作部（处）牵头、各职能部门配合、各二级学院为主体的校院联动的文明寝室建设工作机制以来，各学院作为文明寝室建设主力军的作用凸显，逐步形成社区“家文化”工程建设和“一院一品”学院特色建设的文明寝室校院联建共推机制。

各学院在年度工作计划中将文明寝室创建工作列为一个重要内容。

如第一临床医学院，继续推行“五星寝室”建设；第二临床医学院的“医路FLAT——构建社区四维交流平台”系列活动；检验与生命科学学院的“十寝十美——十大特色寝室示范工程”；环境与公共卫生学院的“社区大家长，师生共成长”系列文明寝室创建活动；眼视光学院的“We eye family——眼视光5S行动”；口腔医学院重点抓的干部教师结对学生寝室活动；外国语学院的“幸福征程，共同接力”——“幸福四年”工程；仁济学院的“温馨寝室风，暖暖室友情”——和谐寝室建设活动；国际与教育学院的“温馨小屋”建设活动；等等。通过开展学校社区文化品牌项目立项评比，各学院逐渐形成在文明寝室建设过程中相互学习借鉴建设经验，相互促进共推文明寝室建设的良好氛围。

定期召开社区与各学院、社区学生公寓自我管理委员会与各学院学生社区自治组织工作会议，共话共议寝室文明建设工作。

社区通过开展“和谐邻里，温情社区”“温馨家园，和谐寝室”“同一片天空，同一社区，同一个家”“屋檐下的故事”“欢乐总动员”社区趣味运动会等社区文化节活动，丰富社区学生生活，展现融融社区家文化。

学生社区文化活动场景

文化后勤绿叶情

「学校是根系，后勤是绿叶；科教是枝干，服务是绿叶；教师是红花，员工是绿叶；学生是果实，咱们是绿叶。」「满怀深情做绿叶，驾着春风去服务。」在校园里头，学生是主体、是根本，也是后勤人的主要服务和关爱对象。作为后勤人，谁不希望同学们能在一个整洁雅致、和谐有序的生活环境里健康成长？所以，创建大学生文明寝室，是学校的事，是学生的事，更是后勤人的大事要事。后勤人，绿叶情，劳动美，心意甜，就在细腻周到的服务中徐徐展现，就在无微不至的关爱中真情奉献。

以“六T”管理为抓手，实现公寓管理服务的精细化

从2012年上半年开始，浙江师范大学在公寓试行“六T”实务管理。“六T”实务管理，又称“卓越现场管理法”。“T”是“天”的拼音“TIAN”的缩写，“六T”就是“六天”，即通过细化工作内容，对公寓管理员、生活指导员、值班员、保洁员等不同层面的后勤员工赋予不同的工作内涵和工作要求。2012年下半年，“六T”实务管理在学生公寓管理服务工作中全面铺开。

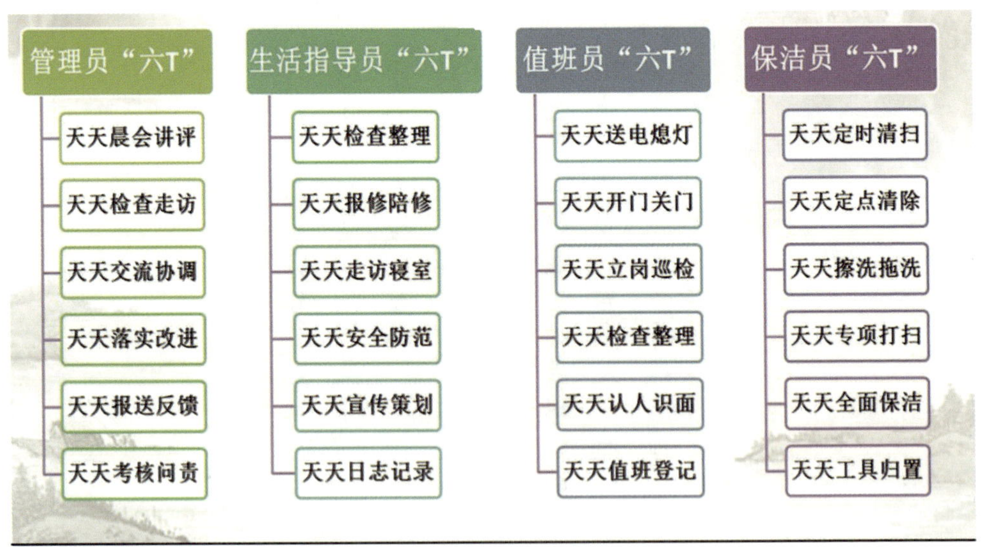

“六T”实务管理的具体内容

"六 T"实务管理的推行，使学生公寓管理服务工作由单一型走向系统型，由粗放型走向精细化，提高了学生公寓管理服务的工作效率，规范了学生公寓的服务标准，提升了学生公寓的整体管理服务水平。同时也使学生公寓的管理服务面貌焕然一新，工作环境整洁有序，员工工作台账整齐完善，服务工具归类井然有序，现场管理服务规范标准，后勤员工的精神面貌和整体素质得到了很大的提升，成为全校管理服务的一大亮点，开了省内高校的先例。

构建"绿叶"文化，引领后勤服务

经过长期孕育与积淀，浙江工商大学后勤"绿叶"文化已成为该校文化建设和文化育人的重要组成部分。2000 年，该校后勤提出了"您的满意，我的追求"的服务口号；2004 年，明确了"甘居幕后，业精于勤；享受在后，天道酬勤"的后勤人角色定位；2006 年，提炼出"不求惊天动地，但求脚踏实地"的后勤员工事业观、价值观；2010 年，形成了"朴实平凡、低调内敛、无私奉献、生机无限"的"绿叶"文化理念。

多年来，该校后勤服务中心通过办好四个媒体，开展多种活动，创办职工社团，大力推进"绿叶"文化建设。积极打造绿叶网、绿叶窗、绿叶报、绿叶微博等宣传平台，传递后勤"好声音"，拉近与学生的距离。在"绿叶"文化理念引领下，该校后勤人以"满怀深情做绿叶，驾着春风去服务"的情怀，努力为全校师生提供贴心的服务。

“绿叶情 劳动美”后勤职工文化节

关爱残疾学生，彰显绿叶情怀。在学生公寓建设设计中，专门设计了无障碍通道学生公寓楼，后勤部门在安排学生住宿时预留专用房间，方便残障学生及其陪护家属。在残障学生的日常生活中，采取特殊方式予以悉心照顾。此外，后勤维修部门还为有特殊需要的学生专门设计加宽加固床铺，公寓管理部赠送爱心棉被。2013 年 9 月，46 号楼公寓管理员在走访学生寝室过程中与一位残障学生的陪护家属交谈时获知，家长在陪护孩子之余想找份力所能及的工作，以减轻家庭经济压力。后勤部门领导十分重视，积极协调，为两位家长先后安排了工作，解决了学生的实际困难。

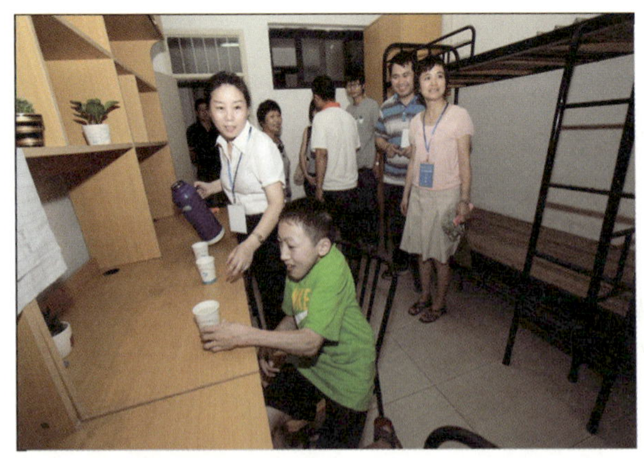

从新生开学第一天起，公寓管理员王国英和值班员一直如亲人般照顾着有身体残疾的车燃燃同学的生活起居

近年来，该校后勤相继获得“全国高校后勤系统先进集体”“全国百佳食堂”“全国高校后勤十年社会化改革先进集体”“全国高校学生公寓管理服务工作先进单位”等荣誉称号。该校后勤“绿叶”文化在2014年7月举行的第二届浙江省高校“教职工文化品牌”评比中被评为浙江省高校教职工文化品牌（全省仅五项）。

树立标杆，快乐服务

在文明寝室建设过程中，杭州师范大学在公寓管理服务工作中倾注了大量的人力、物力和精力，形成了独特的理念和做法。经过努力探索和实践，形成了由内到外的快乐服务理念，并在文明寝室建设服务方面树立了新标杆。

创建言平台，增互动服务

学生积极建言，方便生活屡有新招。从学校、学工部门、后勤部门到各学院，与学生间的沟通顺畅，学生表达意愿便捷，常有一些新思路通过校领导微博、学工信息通报、后勤服务热线、后勤微博、后勤微信以及现场接待、日常走访等多种形式反馈给公寓管理部门。博文苑学生寝室4人位的家具，从设计到定稿，先后4次组织学生进行现场交流、投票，最终确定了内置式半封闭独立空间的设计套件，尤其是那个温馨的床头置物架深受学生喜爱。

增建设力度，设贴心服务

领导十分重视寝室服务建设，硬件投入细水长流。自文明寝室创建活动开展以来，学校认真按照省教育厅33条建设标准，投入729.56万元对生活区进行改造，建设“四有寝室”。学校每年都在学生公寓建设中投入一定的经费，2011 年投入经费 314 万元，2010 年投入经费 236 万元。另外，该校还在近 5 年的时间里，累计投入零星维修以及电器维修经费达 750 万元。

后勤部门悉心关注，完善设施用心极致。后勤在改造完善学生公寓基础设施和服务设施的过程中，总是悉心地关注学生在生活上的需求，极具匠心、因地制宜地为学生提供周到的服务。

购置防撞角、防滑垫

仓前校区学生公寓投入使用前，发现消防栓、灭火器等铝合金框架未嵌入墙体，转角锋利，如发生碰撞，危害性较大。发现这一情况后，后勤部门随即购买了 1 万余个防撞角，由工作人员粘贴至各框架转角，确保在住学生的人身安全。该校学生寝室的卫生间、盥洗室干湿分区，淋浴间和便池相距较近。后勤人员经过观察，担心学生在淋浴时不慎滑倒，踩入便池，便购买了 3000 条防滑垫，还投入 24 万元购买了蹲坑盖板，确保在住学生的日常安全。

推出优质服务月

定期推出优质服务月，举办社区游园会、文明寝室风采大赛等活动和提供公益爱心伞、雪地靴清洗等多项特色贴心服务。

装配自动转账热水系统

每单体楼大厅均设置、开通了一卡通开水机及水控系统两种自助转账系统，为在住学生提供楼内热水使用便捷服务。

物物交换

将节能减排理念与行动落实到学生公寓建设的实处。该校学生公寓的公共区域均采用节能灯配置，公寓楼梯采用触摸式延时开关。在学生公寓的楼梯通道内消灭“长明灯”等浪费现象外，2013 年学生生活园区推出了以交换空间及漂流平台为主体的物物交换流转平台，为同学们的闲置物品提供交换或出售的场所，实现私人物品的再利用，拒绝浪费。

物物交换平台

设特色用房，创多彩服务

该校在学生公寓楼内设立了心理宣泄、心理书吧、心理调节、心理监控、心理沙盘、心理团辅等心理健康活动场所，而且在每个单体楼内每层均设有一间快乐小厨房，配备微波炉、电冰箱等设备和餐具，为在住学生提供食物加热、简单烹制等服务。快乐小厨房按照“谁使用，谁清理”的原则，并配套有兼具聚餐、交流功能的多功能活动室、休闲吧等。

强化公寓管理，提升服务品质

浙江农林大学后勤集团公寓服务中心秉承“三服务，两育人”的宗旨，结合学生公寓实际情况，积极开展学生公寓管理与服务工作，不断落实精细管理，强化服务保障，提升服务品质。

完善制度建设，规范公寓管理

根据文明寝室建设指标体系要求，在对学生公寓各项制度进行梳理和修订的基础上，结合本校文明寝室建设实际情况，学校进一步修订和完善《学生公寓公共区域卫生管理规定》等卫生管理制度，细化了寝室卫生标准，并完善了寝室卫生检查表。目前学生公寓使用的制度有 27 项，使公寓管理有章可循、有据可依、科学规范。

学生公寓信息化管理服务平台应用培训

创新服务举措，提升服务品质

为适应不断变化的新形势，满足广大师生日益增长的需求，公寓服务中心积极探索新思路，推出服务新举措，如笔记本电脑锁免费租赁服务，打气筒、针线盒、脱水机、除湿机免费使用服务；并相继在学生公寓安装了自助式洗衣机、自助式电开水器、空气源热水器、门禁系统、监控系统、智能电表等。

狠抓队伍建设，增强团队合力

公寓服务中心每年开展新进员工岗前培训、员工礼仪礼貌培训、服务技能提升培训、职业道德培训、安全保卫培训等十余项培训；制作了各岗位及新员工入职培训视频材料，通过形式多样、内容丰富的培训来提高全体员工的综合素质、工作能力及工作效率；开展了管理员、值班员、维修工等岗位技能比武，形成了“比、学、赶、帮、超”的文明竞争和良性互动的氛围，同时也增强了集体凝聚力，调动了员工的工作积极性，有力提升了学生公寓的整体服务水平和服务质量。

加强文化建设，营造育人氛围

公寓服务中心积极打造公寓门厅文化，对学生公寓各值班室大厅进行了统一的布置，制度统一规范上墙，并增设了员工风采、祝福寄语专栏，还在大厅内张贴了名言警句和具有育人作用的标语，各楼层的显眼位置张贴了安全小标识等。特别是形式多样、富于特色的一年一度的公寓文化节活动，它不仅丰富了公寓文化内涵，繁荣了公寓文化生活，浓厚了公寓育人氛围，展示了学生个性风采，也进一步丰富和提升了寝室文化品位，每届参加学生达20000余人次。同时，开展“书香公寓”建设，在公寓大厅设立阅读书吧，从多角度多层面构建安全、文明、和谐的公寓环境，充分发挥了公寓第二课堂的育人功能。

学生公寓门厅一角

抓好安全管理，建设平安公寓

公寓服务中心牢牢树立“安全为天”的理念，配合学校积极开展平安公寓建设，并根据公寓管理实际，通过健全安全管理规章、加强员工和学生安全知识培训、定期检查和教育违章用电、组织消防演练等举措，进一步加强安全管理，普及安全知识，提高广大员工和学生的安全意识，激发同学们对平安生活、健康生命的珍惜，推进平安公寓、平安校园建设。

彰显传媒文化特色，提升公寓服务质量

浙江传媒学院后勤管理处宿管中心在学生文明寝室建设中充分发挥传媒特色，构建文化品牌，不断提升服务质量和服务满意度。

连续举行了 10 余届寝室文化节

宿管中心积极开展学生寝室文化建设，不断提升管理服务水平。在2013年第十届“我爱我家”文明寝室创建活动中，宿管阿姨们积极参与“最美阿姨礼仪结对活动”，深入寝室，向礼仪专业同学学习文化礼仪，同时也教同学们整理寝室的技巧等，使得自身的相关专业技能有了明显提升。在“和谐寝室·美好生活”黑板报评比活动中，宿管阿姨们主动提供出黑板报的工具，和参赛的同学们一起设计，为创建寝室文化和展现寝室风貌倾注智慧和热情。

继续推行公寓“信息化”建设，打造“信息化”公寓服务

宿管中心配合信息办、物业中心、供应中心、学工办等部门完成了网上报修系统建设，学生公寓门禁系统也已投入使用。宿管中心还开通 24 小时服务热线（86832718），宿管员配备对讲机，遇到突发事件迅速与值班人员（600）和保卫处（831）联动，迅速到位，及时处置。

创建文化品牌，打造有传媒特色的宿管文化

该校宿管中心依托学校的传媒文化底蕴，创建属于宿管中心的文化品牌。2014 年，宿管中心把文化品牌建设作为一项重点工作深入推进。在当年三八妇女节期间，经过一个月的筹备，通过海选、半决赛、决赛，中心成功举办了“唱吧，阿姨”首届卡拉 OK 歌唱比赛。此次卡拉OK大赛作为一种草根文化，是一次关于后勤文化建设的积极探索，引起了业内的广泛关注，中国思想政治工作网、《青年时报》、浙江教育后勤信息网、传媒学院新闻网等新闻媒体从不同层面做了相关报道。同时，举行此次歌唱大赛，给宿管阿姨们提供了一个展现才华的平台，丰富了她们的业余生活，也是打造传媒后勤文化品牌的一次有力尝试。

“唱吧，阿姨”首届卡拉OK歌唱比赛场景

设置心灵驿站，倾听学生心声

在桐乡校区，每幢学生公寓均设置了一块“心灵驿站自律文化”的宣传板和一个爱心信箱。宣传板上有一棵成长的小树，每位同学都

宽敞整洁的学生公寓大厅

可以写下自己的心声贴在小树上，也可以把自己对学校各方面的意见建议投入信箱。学生自律委员会成员会及时将学校各部门解决问题的方案告知同学，帮助同学们及时处理存在的问题。并且在宣传板上不定期地张贴养生小贴士、活动信息等，为同学们提供温馨提示与便利。心灵驿站，用亲近同学的方式传播自律文化，以一个有爱的途径拉近学生与学校之间的距离，成为同学们吐露心声的平台，受到同学们的喜爱。

创新交流渠道，建立即时通讯

充分利用网络资源，建立即时通讯，实现与学生交流反馈的“信息零距离”。一是由宿管中心创建生活服务信息QQ互动群。群组成员来自学生自律委员会成员、各公寓楼楼层长、各二级学院生活部部长、校学生会维权部部长、后勤各职能部门相关管理人员等，学生对后勤服务的意见和建议可即时通过网络发布，后勤各职能部门能够在第一时间了解学生的诉求，及时给予学生答复。二是密切关注学生的微博、微信动态，安排专人将有关后勤服务的信息梳理出来，予以网上回复。线上沟通，线下解决，即时通讯的建立和应用，不仅使学生能够及时了解问题处理的进程与结果，拉近了后勤与学生之间的距离，也极大地提高了工作效率，受到了同学们的好评。宿管中心在文明寝室建设中，通过一系列活动，不仅提升了员工的工作积极性与团队精神，还提高了员工的整体素质，更好地为师生提供各类后勤服务。2013年11月，宿管员黄晓月和杨银凤分别作为传媒学生楼和杭职院学生楼阿姨，成功当选下沙高教园区“我最喜爱的宿管阿姨”；2014年5月，来自1号楼的费红妹和S楼B区的侯清捷两位宿管阿姨，由于受到了学生的高度认可，电视艺术学院特地授予她们“电艺宿管妈妈”的称号。

硬件到位、软件提升、服务优良、特色鲜明，这是浙江传媒学院宿管中心全体员工的努力方向，也是正在努力践行的宿管之路。

打造“家文化”，园区增和谐

自2007年以来，浙江水利水电学院在学校领导的重视和后勤员工的精心培育下，“导之以德，化之以文，教之以能，融之以情”的后勤和谐“家文化”已经成为该校生活区文化的组成部分，更为寝室文明建设增色添美。“家文化”以近300名后勤外来员工为主体和对象，通过深入开展“关心员工生活、关注员工品行、关心员工成长、关注员工发展”的“四关”活动，以“重品行、强能力、提素质、乐生活”为目标，为员工解难事、办实事、维权益，增强后勤员工队伍的凝聚力、向心力。

宿管阿姨为学生缝补

在“家文化”的实践过程中，该校孕育出了一大批品能兼优的优秀后勤员工，如坚持12年55次献血的“浙江好人”王付湘、杭州经济技术开发区“我最喜爱的宿管阿姨”杨建珍、拾金不昧的徐日足、助人为乐的公寓好党员余末连等。说起杨建珍，2号学生公寓的同学们都竖起大拇指：“杨阿姨就像我们的妈妈一样。”送病号粥、缝补衣服、谈心……她用最朴实的行动最深刻地诠释了“爱”的无私和伟大。对于楼里的每一位学生，她都能叫得出名字，很多同学毕业了还来看望她，家长们感慨：“把孩子送到您这里，我们放心。”宿管员徐日足把一个沉甸甸的钱包交还到失主手上，里面有3000多元现金和身份证、银行卡等物品。对于一个收入微薄的后勤员工来说，3000元可是一个不小的数目啊！但她丝毫没有动心，失主感动得热泪盈眶。

就是这些点点滴滴的小事，就是这些平凡而不普通的后勤员工，就是这样一个朴朴实实的“家文化”，让一种导向“文明”的正能量在生活区涌动，进而把学生和学校紧紧联系在一起，也使全校的寝室文明建设更有底蕴，学生生活区更加充满生机。

美化寝室，彰显特色

为进一步贯彻落实“以生为本”的办学理念，浙江万里学院后勤公司在走访调研的基础上，对问题较为突出的学生寝室进行家具、墙纸等设施的改造。利用暑假，采用E1级环保材料，对北区一期6幢学生公寓共计3684个床位家具进行系统更换，添置吊柜和杯架921个，并首次将13#—18#、24#、25#等8幢楼总计42811平方米的墙面贴上墙纸。

在家具和墙纸的施工过程中，始终将“学生的满意”作为第一宗旨，邀请学生代表参观样板间，并实行公开投票，根据学生的喜好装修寝室、购买家具、张贴墙纸。改变原来较为拥挤的寝室家具摆放模式，统一更换为整体家具，扩大学生的学习和储物空间，真正实现学生在寝室内享有相对独立的学习生活空间。同时，考虑到改造区域内的在住学生普遍为女生，特意选用淡雅色系墙纸，与清新雅致的家具颜色相互呼应，着力营造家的舒适与温馨。学生入住满意度测评结果显示，广大师生对于改造后的学生寝室硬件设施普遍赞誉有加。

服务育人，方便学生

绍兴职业技术学院结合本校实际，开展了对学生日常生活的社区化服务，设立了学生事务办理中心，对办理日常事务的学生基本做到一站式服务；同时结合网格管理，坚持做到“服务时间全天候、服务内容全方位、服务对象全覆盖”。公寓管理服务人员全天候有人在生活区、公寓楼内值班，全面掌握在住学生情况，对学生反映的问题和需要办理的事项第一时间给予受理并解决。物业服务人员对学生公寓内的水、电、网络等常规设施，开展每月一次的定期巡查和检修，对整体设施实行一定周期的统一清理和维修。进一步完善报修渠道，后勤管理人员对在住学生提出的维修申请，做到 24 小时内响应、修缮，学生公寓管理中心组织公寓辅导员开展回访跟踪，对维修服务进行满意度打分。该举措实行以来，维修效率和质量明显提高，学生满意度达到 95% 以上。

重视学生生活区软件功能设施配套建设。结合工作实际，在每幢公寓楼（大网格）建立辅导员值班室、辅导员工作室；在生活区建立学生党员之家、心理咨询室、社团活动室等，积极拓展其功能，逐步建设成为公寓区学生自治组织的工作站、心理辅导站和师生交流站。

在学校二期扩建工程中，已把学生公寓活动场所纳入总体建设规划。

心理辅导及师生交流站

党员之家阅览室

我的家园我的情

「此处江滨溪畔，此地风轻云淡，此界天高地宽。」江南形胜，钱塘水秀；云水苍茫，湖山文润。杭城的书院，浙江之学府，自古人文荟萃，从来书香飘逸。作为这里的大学生，谁不庆幸这得天独厚的人文传承与求学境遇。于是，他们喊出了「我的寝室我的家」「我的家园我的情」的响亮口号，比读五车书，共期身边事，即便是一室一居、一卧一起，也要努力地与自身所处的求学境遇相协调相映衬，就以大学生特有的心灵望境和青春笔墨，尽情描绘一幅清新、明丽、典雅的青春画卷。

“我的寝室我的家”—— 浙江高校文明寝室创建纪事

2014年3月26日 来源：《中国青年报》

“寝室是学生独立生活的一个起点，也要成为塑造完美人生的基石。”2012年9月，由共青团浙江省委、浙江省教育厅、省学联等联合发起的一场以“我的寝室我的家”为主题的文明寝室创建活动在浙江高校展开。

据共青团浙江省委统计，迄今，全省有近100所高校、100万名大学生参与其中，评选出各类“文明寝室”1万余间。一个个“五星寝室”“文明寝室”“优秀寝室”，不仅记录了室友间的温暖时刻，也成为大学生活的美好见证。

2012年9月24日，在浙江工业大学举办的浙江省大学生文明寝室创建活动启动仪式上，与会学生代表现场高擎“我的寝室我的家”的醒目标语

“我的寝室我做主”

一间间学生宿舍在文明寝室创建活动中，焕然一新。

浙江理工大学 B2W616 寝室住着分别来自浙江长兴、东阳、绍兴、上虞和诸暨的 5 个大男孩，20 平方米左右的房间干净整洁，室内物品摆放有序，墙上贴着的几张画报让窗明几净的宿舍增添了许多生活气息。

“寝室整洁干净了，大伙的心情也好呀。”住在这里的建工学院土木二班的王鼎伟同学告诉记者，他们寝室还是“太极之家”“体育之星”寝室和优良学风示范寝室，几位室友大一就开始住在一起，平时经常一起学习、出游，“关系特别‘铁’”。

不同于男生宿舍，浙江财经大学 45 幢的“向阳楼”女生公寓则呈现了另一种“家的感觉”。这里是浙江财大 2012 级会计学院女生的寝室，走在整洁亮丽的楼道里，会看到一块块“生日板”“映像墙”与“阅览角”，温情贴心的设置，给人浓浓的家的氛围。

推开每一扇门，都可以看到一道道清新典雅的别样风景，女生们把宿舍当作自己的小天地精心装扮，她们用素雅的壁纸、有趣的动漫图案和色彩斑斓的民族布艺，将寝室装点得温暖惬意。女生王渊敏说，寝室多了家的味道，不仅缓解了自己想家的情绪，还多了不少温馨的回忆。

在浙江工业大学朝晖校区，尚德园公寓的学生把剪纸作为一种特色生活装饰，走廊里、窗户上、宿舍中，各色花草树木、鸟兽鱼虫、人物肖像的剪纸作品，都出自学生之手。工大东 11 幢 518 室是浙工大生物工程专业 5 班 6 个性格迥异的大男生的“家”。走进这个“家”，首先映入眼帘的就是银灰色的珠帘、黑白相间的海绵垫地毯和立体效果的砖色墙纸，一片和谐整齐。大家都说，这样独具匠心的设计，就像是大家一起打造了一个共同的家，浪漫温馨。

杭州电子科技大学“寝室总动员”主题团日活动开幕式场景

求学路上的温馨驿站

浙江财经大学团委书记沈鑫泉说，寝室可以说是大学生的另一个“家”。大学四年，同学们差不多有超过一半的时间在寝室中度过。

事实上，寝室不仅是学生睡眠、休息的地方，也是学生学习、生活、交流的重要场所。但以往，一提到学生寝室，许多人的第一印象可能就是纵横交错的电线、角落里吃剩的零食，还有满目狼藉的桌子，床上堆成一团的被子、衣服。

对此，浙江省委书记夏宝龙（时任浙江省省长）2012 年 5 月在一次参加全省高校会议时，就曾指出：寝室是大学生独立生活的起点，“一屋不扫，何以扫天下？”“脏乱差”的寝室怎么可能培养出优秀的人才？

后勤服务人员在为学生提供现场咨询服务

为彻底扭转“脏乱差”的寝室面貌，浙江高校的文明寝室创建中，各校投入用于改善寝室公寓的资金达 8.74 亿元，改造公寓 800 多幢、寝室 8.8 万多间。同时，设立了 2205 间公共储藏室，建设公寓学生活动中心、学生事务办理大厅、公寓党团活动室、心理咨询室等服务设施 14.5 万平方米。

此外，各高校纷纷在大学校园里打造“家的文化”，强调爱的传递。

在浙江理工大学，学生课后回到宿舍楼，都可以走进幸福社区文化中心，喝喝下午茶、玩玩小游戏、谈天说地，想家了、学习有困难、和同学相处不好，也都能在中心的辅导室寻求帮助。“这是学校倾力打造的学生幸福社区。”学工部部长黄黎说，目的是让学生在住宿过程中得到社区生活可以教给他们的一切，让彼此在生活中建立信任和感受幸福。

浙江财经大学团委则在学生公寓、寝室中开展“感恩文化”教育，成立“一元钱”基金，开办自强实习班，为需要的同学送去关爱。浙江财经大学党委副书记王宇航认为，寝室是大学生生活和学习的重要舞台，也应当成为同学们求学之路上的温暖驿站。

育人的"第二课堂"

在共青团浙江省委领导看来，"我的寝室我的家"文明寝室创建活动带给大学生的，不只是一次"卫生保卫战"，更是一次以寝室为单位的文明实践，是大学生践行社会主义核心价值观的风采展示。

"思想教育、行为指导、生活服务、文化熏陶"。如今，许多浙江高校已把学生日常思想教育和管理服务工作重心从教学区转向了生活区，学生公寓由单纯的住宿区变成了育人区，通过组织进公寓、服务进公寓和文化进公寓，开展"爱我家""筑我家""秀我家"等主题活动，完善公寓育人机制，将寝室构建成学生成长、文明习惯养成和综合素质提升的重要阵地，成为高校育人的"第二课堂"。

浙江大学把学生宿舍纪实评价纳入学生综合素质考评体系的同时，将文明寝室建设与学生的评奖评优体系直接挂钩，推出"新生之友"寝室联系制度，院士、首席科学家、长江学者、国家杰出青年基金获得者等大批优秀学者与新生寝室建立联系，开展学业指导、生活帮扶和思想引导。

浙江财经大学以文明寝室建设为切入点，在学生生活园区推出集思想政治教育、学生发展指导、学生事务管理、党团组织建设、社团文化活动于一体的"五位一体"学习型公寓建设，营造出独特的寝室文化。

杭州电子科技大学、浙江传媒学院结合共青团的组织建设，以寝室为单位建立团支部下的团小组，细分团的组织青年覆盖网络，围绕寝室文明建设和学生自主管理能力提升，开展多种多样的寝室文化活动。

浙江师范大学在学生公寓区先后开设阅览室、宣传栏、温馨书吧、阅报栏等，并创建学生公寓网，编印公寓刊物《家园》，以标准化公寓创建为契机，进行公寓文化物化，同时依托微博、微信等新媒体开通寝室主题卧谈会，举办文明寝室主题演讲和主题辩论表演等学生喜爱的活动，营造出浓郁的生活文化氛围。

"走出办公大楼，走进学生寝室"，浙江工业大学把辅导员工作室建到了学生宿舍楼。温州大学则通过建立学生议事机制，公开选拔楼长、层长和自治委员会成员，构建三级学生自我管理体系，将学区改革背景下的生活区建成了思想教育、行为指导的德育阵地。

此外，各校团组织则通过组织寝室文化节，开展公寓楼道美化方案大赛、“样板寝室”、寝室学风对抗赛等引导大学生，省学联也使用微博、微信等新媒体，倡议全省大学生把寝室建成明亮的清雅之室、文明之所。（记者董碧水 通讯员 杜作锋）

整洁敞亮的学生公寓洗衣房

浙江百所高校创建文明寝室

2014 年 4 月 6 日　来源：浙江在线

走进浙江财经大学 45 幢“向阳楼”公寓，家的温馨扑面而来。寝室楼道整洁亮丽，一块块“生日板”“映像墙”与“阅览角”相映成趣。每一扇门背后都是 2012 级会计学院女生精心装扮的小天地。

一年多来，以“我的寝室我的家”为主题的文明寝室创建活动在我省各高校展开。初衷很简单：寝室是学生开始独立生活的起点，也要成为塑造完美人生基石。我省各高校不仅引导学生打造“家的文化”，更下大力气进行文明寝室创建。据统计，目前，各校共投入用于改善寝室公寓的资金 8.74 亿元，改造公寓 800 多幢、寝室 8.8 万多间。同时，设立了 2205 间公共储藏室，建设公寓学生活动中心、学生事务办理大厅、公寓党团活动室、心理咨询室等服务设施 14.5 万平方米。

“我的寝室我的家”文明寝室创建活动带给大学生的，不只是一次“卫生保卫战”，更是一次以寝室为单位的文明实践，是大学生践行社会主义核心价值观的风采展示。如今，浙江许多高校已把学生日常思想教育和管理服务工作重心从教学区转向了生活区，学生公寓由单纯的住宿区变成了育人区。

浙江大学把学生宿舍评价纳入学生综合素质考评体系，将文明寝室建设与学生的评奖评优体系直接挂钩，推出“新生之友”寝室联系制度，院士、首席科学家、长江学者、国家杰出青年基金获得者等优秀学者与新生寝室建立联系，开展学业指导、生活帮扶和思想引导。

浙江传媒学院、杭州电子科技大学以寝室为单位建立团支部下的团小组，围绕寝室文明建设和学生自主管理能力提升，开展多样寝室文化活动。省学联也用微博、微信等，倡议全省大学生把寝室建成明亮的清雅之室、文明之所。

据统计，全省已有近100所高校、100万名大学生参与文明寝室创建，评选出各类“文明寝室”1万余间。

学生事务办理大厅为学生提供优质便捷的各类生活事务办理服务

大学寝室可以很萌很另类

2013年12月10日　来源：《青年时报》

大学四年，寝室是学生们的第二个家，这个家可以很萌，也可以很另类。在宁波大学，就有男生将自己的寝室打造成3D画馆；在传媒学院，也有的女生将寝室布置成芳草如茵的园地，即便夏季，室温也能降两度。而在浙江财经大学，有男生的寝室“很粉，很梦幻”，被冠以“最粉寝室”的称号。

这些寝室的出现，源于一年多前由省文明办、团省委、省教育厅、省学联联合开展的浙江省高校“我的寝室我的家”文明寝室创建活动。近日，2013年浙江省高校文明寝室创建工作推进会召开，团省委副书记朱斌出席推进会并讲话。

“大学是任我们这群‘90后’孩子玩耍的净土，寝室是我们共同的小家，四年的共处是一生的珍贵记忆。”朱斌说，开展“我的寝室我的家”文明寝室创建活动，营造了活泼向上的寝室氛围和优良室风，引导广大学生树立文明道德意识，充分发挥了文明寝室建设的育人功能与人才培养的引领作用。

推进会上，浙江大学、浙江财经大学、温州大学、浙江警察学院、浙江经济职业技术学院作为代表，交流探讨了文明寝室创建过程中的先进经验和做法。比如浙江警察学院的军事化管理，温州大学将各校区划为学区，帮助学生解决各种困难，延长学生在学区时间等。省学联执行主席吕江向全省学生发出“做一个高端大气上档次的好室友，建设一个低调奢华有内涵的寝室，成为奔放洋气有深度新一代”的倡议。

据了解，一年半以来，全省近百所高校的100多万名大学生参与了本次“我的寝室我的家”主题活动。（记者 丛杨）

中国美术学院的艺术寝室

中国美术学院的校园环境优美，校园建筑富有特色，是充满人文精神的山水家园和艺术殿堂。美院学生不仅十分珍惜身边的优美环境，自觉爱护身边的美好环境，而且懂得努力去创造美的环境，养成优良的行为习惯和健康的生活方式。

该院提出了以健康生活为立足点，以开展文明寝室建设为突破口，以深入推动思想政治教育进公寓为契机，持续倡导“勤奋读书、科学上网、健体怡心”的健康生活方式，旨在使学生形成高尚的思想道德品质。同时，充分发挥美术院校的专业特色，组织开展美化寝室活动，让寝室环境增加艺术气息和家园情怀。此外，美院还开展了学习型寝室、党员示范寝室、优秀寝室长评比活动，通过榜样示范作用，推动文明寝室建设工作的常态化。

具有家园情怀的学生寝室

学生自我管理讲座现场

个性化寝室

各二级学院也结合不同专业，多形式推进文明寝室建设工作。如设计艺术学院发挥专业特色，在空间布局上多一点新意，并通过召开学生干部座谈会，调动学生的积极性，主动参与寝室管理。建筑学院推出了样板房，举办学生公寓客厅空间改造设计大赛。传媒动画学院结合专业特长，用影视的方式展示寝室风采并开展特色寝室评选。公共艺术学院举办“国美寝室达人秀”，基础部举办了寝室美化比赛并结合读书笔记活动抒写宿舍生活。高职学院组织开展以“幸福生活，快乐随拍”为主题的寝室微电影大赛。艺术人文学院为学生寝室送上绿色小植物等。

个性化寝室

杭州电子科技大学的原创歌曲《房间》

由该校 1900 影音工作室原创的文明寝室创建主题曲《房间》，风靡大学校园，并成为电视剧《大丈夫》插曲。

文明寝室原创歌曲《房间》

宁波大学的特色活动

宁波大学以寝室设计为载体，开展了寝室标志设计、寝室生活图片展、寝室名自拟、寝室歌曲创作等活动，营造文明、和谐的寝室环境。

该校以活动室为阵地，举行了政治学习、理论研讨、学习经验交流会等活动，营造良好的学习氛围；以组建科研小组为方式，引导寝室成员积极钻研专业知识，努力研究本专业相关学术课题，激发学习热情，提升专业知识技能；以文体活动为特色，以寝室为单位，组织开展球类、趣味运动、书画摄影比赛，以寝室生活为内容的演讲、征文、辩论赛等活动，丰富寝室文化生活。

学生自拟寝室名称与标识

文化活动场景

衢州学院的南孔文化育情致

衢州学院秉承“立心力行”的校训，坚持以学生成长成才为目标，以文化活动为载体，在学生公寓开展多元化主体活动，引导学生养成良好的生活习惯，确立积极健康向上的生活态度。学校大力加强公寓文化育人氛围的营造，将衢州地区特有的地方文化——南孔文化氛围从教学区延伸至生活区，将“仁、义、礼、智、信、孝”6个字作为6幢公寓楼的主题文化元素，同时制作大量印有《论语》经典语录的门牌，使南孔文化“润物细无声”地走进学生公寓，渗入在住学生的日常生活，凸显学校的南孔文化特色，从而将学生公寓建设成为融“思想教育、行为指导、生活服务、文化熏陶”于一体的第二课堂，促进学生综合素质的不断提升。

学生生活服务指导中心坚持“以人为本、创新开拓、务实高效”的理念，在沿袭公寓楼层长急救知识培训、消防安全演练等实用性活动的基础上，及时调整公寓建设思路，创造性地开展各种公寓建设主题活动，努力满足在住学生的文化生活需求，走出一条让学生满意、工作有效、特色鲜明的公寓建设之路。如2013年12月初的第八届公寓文化节、“大学，寓见你的美”系列活动之“交换空间——寝室美化大赛”、“定格青春——照片里的故事”、“公寓英雄会——电子竞技大赛”、“甜蜜相寓——蛋糕DIY制作”以及2014年4月愚人节“爱要大声说出来第二季”；5月6日开展公寓学生骨干团体心理辅导；5—6月公寓楼层长“消防演练培训”；2014年6月，在2013年《再见，大学》《送毕业生回忆MV》《衢院 衢院》歌曲录制基础上，相继推出了《祈福MH370》《衢院 衢院MV》，邀请同学们加入录制之中，增强了同学们的主人翁意识，充分反映了该校校园文化活动的进展和成效，也为学生文明寝室建设营造了良好的舆论氛围。

浙江万里学院学生邀请老师到寝室做客

浙江万里学院学生“主动邀请老师来寝室做客”“主动邀请企业负责人进自己的寝室参观”，是该校学生在文明寝室建设中涌现出来的生动事例。在2013年教师节之际，文化与传播学院新闻、广告系学生邀请黄奇杰、张实龙、王憬晶等老师到寝室做客。即将面临毕业的计算机与信息学院夏明升、张宥密等同学，邀请辅导员到自己寝室做客，与老师一起话家常、聊理想。已经办好应征入伍手续的生物与环境学院董鹏同学，在入伍前的最后一天，特意邀请了联系自己寝室的党员教师沈威来寝室做客，并向老师汇报了到部队后的人生规划。

浙江外国语学院的公寓楼层长制度

浙江外国语学院小和山校区杭外学生公寓楼群与雅致苑学生公寓楼群各设立楼长 1 名，由后勤服务中心职工担任。主要负责监管公寓卫生安全情况；协助做好文明寝室评选工作，做好学生公寓与生活园区的文化建设；了解公寓学生思想状况，建立与公寓辅导员的良好沟通机制；定期召开公寓楼工作人员会议，加强组内团结；做好学生住宿、退宿等手续。每幢学生公寓的每一楼层均设置楼层长 1 名，由学生担任，选举产生。主要负责本楼层公共区域和日常生活秩序的监督与管理，发现问题及时劝阻或向楼层长、辅导员汇报；密切联系同学，尽自己所能为同学提供服务、解决疑难；督促同学和保洁人员定时定点清理垃圾，随时查看消防器材及其他公寓楼设施情况；负责做好文明寝室的推优工作；协助做好节水、节电的宣传教育工作，构建积极向上的楼层文化；积极处理好与本层同学之间的关系，带领本层同学养成良好的生活习惯，维持楼层公共秩序；协助同学做好设施报修工作，并及时听取同学的意见和建议；等等。

建立学生公寓管理委员会。学校还在学生公寓区建立了由各院系学生代表组成的学生公寓管理委员会，负责收集学生关于公寓的各类意见建议，并及时做出反馈，充当学生与公寓管理部门之间联系的桥梁，减少矛盾纠纷及不必要的误会。学校的这种措施在对学生公寓加强监管的同时，也增强了学生的角色意识，有助于提高学生的自我管理能力。

浙江水利水电学院的"四个一"寝室文化和"体验式"德育教育

"四个一"寝室文化

浙江水利水电学院的学生寝室，由学生自我管理委员会牵头，以学生为主体，积极开展"四个一"特色寝室文化营造，倡导"一个温馨寝室名称、一句励志格言、一张和谐全家福、整齐划一的物品摆放"，同时积极组织开展寝室文明公约征集、寝室美化设计大赛、寝室室歌DV短片大赛、寝室室徽设计大赛等形式多样、广受学生欢迎的文化活动。这些活动的开展，增进了寝室成员间的理解，增强了寝室凝聚力，营造了良好的寝室氛围，而且极大地改善了寝室生活单调、文化气息不浓的状况，改变了寝室生活面貌，取得了较好的效果。

文明寝室建设成就秀展

寝室布置集锦

公寓楼道和生活区等公共区域，体现了学校“水”文化特色及“以水育人、以文化人”的理念。一方面，对生活区的各项建筑标识标牌进行统一设计，充分体现“水”元素；另一方面，结合不同的专业背景，统一制作内容丰富、表现形式多样的楼道宣传板，悬挂于公寓楼道之中，使在住学生在进出寝室时都能受到专业、艺术、公益等方面的熏陶，打造出了特色鲜明、文化浓郁的“水利文化楼”“管理文化楼”“实践文化楼”。

此外，为活跃生活区文化，学校每年举办“我爱我家”寝室文化节，现已成功举办了12届。以寝室文明为主题，以“繁荣寝室文化、活跃校园文化生活、弘扬团队精神”为宗旨，设置家园文化生活、团结竞技、通识教育三大篇章，以PPT展示、视频录制、现场展示等吸引力强、新颖别致的形式开展各类寓教于乐的文娱体育活动，每年吸引上千名学生参加，进而增强了寝室成员的凝聚力和对公寓的认同感、归属感。

“体验式”德育教育

从2004年至今，该校的“走进后勤 砥砺德行”活动已经开展了10余年，参与并从中受益的学生数之不尽；2009年，该活动被列入学校首批6个校园文化品牌；2012年，学校将该活动作为推进寝室文明的重要品牌抓手；2014年，学校将该活动作为推进思政进公寓、实践育人的重要工作内容之一。

“体验”是该活动的核心。它以提高学生的劳动意识、生活技能、思想品德等综合素质为目的，引导学生体验后勤劳动、参与后勤管理，在体验中感悟，在感悟中成长，自觉践行社会主义核心价值观，自觉养成文明的行为习惯。

走进餐饮，让衣食无忧的大学生们亲自体验摘菜、削土豆皮、做面食；走进采购，让未尝艰辛的大学生们凌晨2点钟就跟着采购员去市场采购；走进公寓，“我代值班员一小时”，让习惯被给予的大学生们懂得感恩和付出；走进维修，让长于理论的大学生们知道实践的重要性……同学们在体验之后，这样写道：“我们还亲自体验了包饺子、切菜的过程，食堂工作的阿姨们热心地教我们包饺子、切菜，最后厨师长还把我们包的饺子煮了请我们吃，很好吃，很开心！”“当我们亲自做这些时才明白，食堂的叔叔阿姨们是多么辛苦，他们那么尽责地为我们准备可口的饭菜，甚至每天凌晨3点半就开始为同学们准备早餐了。”更多的同学通过体验，懂得了尊重劳动，学会了感恩，学会了珍爱生命，学会了理实结合，感受到了生活的不易和艰辛，融通了知、行、感，并内化为学习和生活的动力，同时自觉地促进了良好生活习惯的形成。

在多年探索中，该校的“走进后勤 砥砺德行”活动已经形成了合理的体验体系，形成了“技能应用、生命教育、劳作体验”三大模块，并结合专业在该校后勤建立了“勤工俭学、实习实训、劳动公益”三大基地，纳入学校“立德修身”工程，确立了体验活动与素质拓展、党员培养等的考核关系，成为学校的特色文化品牌。

浙江同济科技职业学院的“驿站测素质”和“三亮比高低”

浙江同济科技职业学院学生公寓楼内设有学生“书香驿站”“交流服务区”，用于放置一些书册、报纸等读物，自由取阅、诚信归还，书籍交流成为一个学生素质教育和诚信教育的试金石，通过学生“三自”教育，用驿站现象来触动心灵，自觉提升素质；用自律来引领潮流，自觉提升诚信。

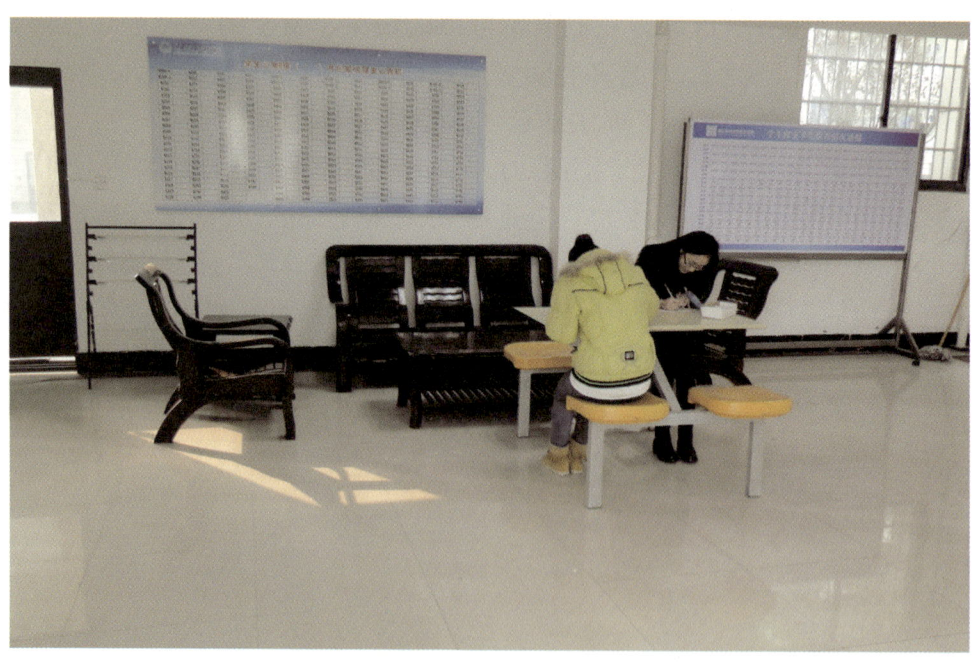

书香驿站、交流服务区

通过亮明干部教师、系别班级、学生主体三个层面的不同身份的"三亮"，形成相互竞争、激励的氛围，配合《学院干部、教师联系寝室管理办法》的出台，促进"三育人" 工作格局持续深化。

宁波卫生职业技术学院的"六进社区"教育模式

宁波卫生职业技术学院在推进文明寝室建设过程中，积极探索、实践"六进社区"教育模式：即党团建设进社区、指导服务进社区、自我管理进社区、校园文化进社区、创业就业进社区、安全稳定进社区。

党团建设进社区

主要通过设立党团活动室、党员挂牌、建立学生党员寝室责任区、党员一句话承诺上墙等，充分发挥党员的模范榜样作用，影响带动社区的每位成员。

学生党团活动进社区活动

指导服务进社区

这是一条“老师与学生心与心交流”的通道，它通过学工咨询面对面、学工服务意见本、心理健康和青春健康服务等，增强师生的沟通交流，及时了解学生的所思所想，第一时间掌握学生的动态，解决学生的困难和问题。同时学校在公寓楼设立了“心灵一角”“醉角落”，成为师生面对面、心连心交流的场所。

校园文化进社区

主要通过环境文化打造和开展各类寝室文化活动来实施。

安全稳定进社区

尝试网格化管理，完善安全管理机制。把寝室安全工作纳入平安班级考核，通过实行一系列制度规范日常工作，明确流程和职责，使安全工作常态化。

校园文化进社区活动

创业就业进社区

主要是开展入学指导、专业咨询、就业指导、人生规划讨论等活动，自入学到毕业，社区把一系列就业与创业指导服务活动送到学生身边。创建“学生自主创业活动日”、学生创业格子铺，以跳蚤市场、创业大比拼、毕业季、新生季等为主题，颁发校内许可证，指导学生开展创业活动，转变学生就业观念，提升学生职业发展能力。

自我管理进社区

成立学生社区自我管理委员会，即给学生充分自主权，自己管理自己。以楼长、层长、寝室长为线形管理结构，从楼长到层长，层长再到寝室长，三级制能迅速地把事情通知到每位学生。充分发挥学生自我管理、自我监督、自我教育的功能。

“六进社区”建设在6个方面探索全程育人，让学生在求知、求美、求乐中受到潜移默化的启迪和教育。

学生自我管理进社区活动

浙江建设职业技术学院的多元素公寓文化

打造公寓文化品牌，举办公寓文化节

结合学生公寓的特点，学校每学年组织开展一届学生公寓文化节，组织开展各类楼宇竞赛、星级寝室评比、游园活动、楼长“十佳”服务之星评比活动、“浪漫满屋”寝室设计比赛等寝室文化活动，给学生提供展现自我、

锻炼能力的舞台，营造欢乐、文明、积极、向上的校园文化。同时，在公寓区发起“文明寝室话题板”，组织开展“我的梦想寝室”“我的好室友”等话题讨论。还在院团委的领导下，开设微博专栏，通过视频、漫画、摄影作品等形式展示“文明寝室”创建成果。

学生公寓文化节场景

倡导优质服务导向，营造公寓文化氛围

每年公寓文化节期间，宿管会的学生本着服务学生、提高自身的宗旨，举办“优质服务月”，积极开展楼道文化建设、公寓文化宣传、优质服务等活动。通过开展创建文明寝室、征文比赛、摄影比赛等系列活动，加深同学们对文明公寓、和谐公寓的思考，加深学生对公寓管理服务工作的了解。

利用先进信息技术，拓展各类服务平台

学校投入 60 余万元创建了学生网平台，目前该平台已经全面覆盖学生生活区，在住学生在足不出户的情况下，便可实现网络报修，既方便又快捷；学生在课余闲暇时间，也可利用这个平台的娱乐功能进行各类娱乐活动；学生还可利用这个平台开展各类学习活动，快捷地实现与老师、同学的有效交流等。

历年公寓文化节成果图片展

浙江工贸职业技术学院主题鲜明的楼幢文化

建立诚信阁，培养大学生诚信意识

浙江工贸职业技术学院在所有学生公寓和六号教学楼大厅醒目位置设立了无人看守的货柜——“诚信阁”，分别摆上矿泉水、餐巾纸、便签本、燕尾夹、橡皮擦等学习和生活用品，每一件都明码标价，自觉投币。学生可以自助购买诚信阁里的物品，购物、付钱、找零完全靠自觉。诚信阁由学生处负责管理，但其日常维护、更新添置物品、货币回收、卫生清扫等由勤工俭学的学生负责。诚信阁的设立不仅实现了便利功能，更是诚信教育贯穿于学生的生活细节，它激发和增强了大学生的诚信意识。

远离网游特色活动，引导学生健康生活

提防大学生过度沉迷于网络已成为国内各高校思政工作的重点、难点问题。过度沉迷于网络，不仅会影响到他们在校的学习生活，更有可能会影响其以后的人生发展轨迹。通过几个学期的摸索和实践，学院举办各种活动，如淘宝寝室竞赛、模拟炒股大赛、桌游比赛、网络心理探秘等，引导学生拒绝网络游戏、远离电脑、走出寝室，帮助他们回归现实、走进班级、融入校园。

公寓走廊文化，构建温馨育人环境

为优化公寓人文环境，培养学生高尚的道德情操，促进学生身心健康发展，学院以公寓楼为单位，精心设计不同的主题，实现了让墙壁“说话”，让走廊“育人”的目标。各幢公寓主题鲜明，内涵深刻。学院在 A 幢、B 幢、C 幢、D 幢、E 幢、F1 幢、F2 幢公寓分别以“温馨公寓，平安家园”“仁、义、礼、智、信”“自强自爱”“传承超越，开拓创新”“诚信崇学”“书香家苑”等为主题，通过布置书法、绘画（包括墙壁画）、摄影、剪纸折纸、手工制品、刺绣、瓯绣等作品，丰富走廊创意文化建设内涵。如：E幢公寓以传统文化为核心，以“传承超越、开拓创新”为主题，继承了传统文化的精髓，打造了精彩纷呈的走廊文化，一层为三字经，二、三、四层为文明礼仪、明德修身，五、六、七层为中国书画，八层为中国传统节日，九层为刘基文化。通过走廊文化建设活动，既丰富了公寓文化气息，陶冶了大学生情操，也传承和发扬了我国优秀的传统文化。

学生公寓文化墙

寝室文明我放心

「一双幽色出凡尘，数粒秋烟二尺鳞。从此静窗闻细韵，琴声长伴读书人。」——家长们的点评富含唐律宋韵；「斯室人慧书香，斯屋气定神闲，斯楼趣雅意远。」——企业家的评说同样经典至极。看，多么美好的心意；听，何其诗意的祈愿！这是浙江省大学生文明寝室创建活动博得的社会反响，也是此次以文明寝室创建活动为主要载体的新一轮大学生德育教育的有益收获。但愿全省高校师生再鼓干劲，再添热情，再投真情，将这朵娇容初绽的德育教育之花浇灌得更加绚烂夺目，培育得愈发多姿多彩。

用人单位如是说

浙江建设职业技术学院整洁雅致的学生寝室

在 2013 年的浙江万里学院校园招聘会上，宁波龙湖地产、宁波维恩教育机构的负责人，对之前在招聘会上有初步意向的毕业生进行了回访。在回访过程中，浙江万里学院学生包超、沈剑主动邀请企业负责人走进自己的寝室。在看过应聘学生的寝室面貌后，宁波龙湖地产表示确定招聘这两位毕业生，其负责人说："现在的小孩子很多都是娇生惯养的。今天一看，万里学院同学们的寝室都很干净啊！一个会做好内务的同学，肯定是个踏实肯干的员工。"文明寝室建设给学生带来的崭新变化，进一步增强了学生对自我素质的肯定负责和对就业竞争的信心。

家长如是说

浙江建设职业技术学院 8 号学生公寓 208 室会计 14-1 班杨洁同学家长说："选择这所学校，一是孩子喜欢，二是不想让孩子离家太远，怕孩子吃不好，住不好。2014 年入学后发现，学校其实真不错，虽说寝室是 5 人间，但是配置良好，设计合理，阳台门打开是一个大大的露台，绝没想象中那么拥挤。楼下的阿姨对进出人员询问仔细，记录也做得很详细，作为一名女生家长，我们放心啦！"

浙江建设职业技术学院 9 号学生公寓 310 室房产 15-2 班魏豪俊同学家长说："孩子两年前去当兵，退役后我们尊重他的意愿选择继续求学，因为有了军营生活的锻炼，我们对他的生活倒是一点不担心。9 月份送来上学后，孩子看见这样的环境还是很开心的，朝南的房间，卫生间是独立的，室友是和谐的，配置是良好的 . 寝室位置又在热闹的商业街边上，生活非常便利。入学报到时，后勤已将学生寝室常用的物品摆放到位，一给我们带来了方便，二也让我们感觉回到了家。用现在流行的话说：'点 32 个赞吧！'"

学生公寓区景色如画

浙江交通职业技术学院的一位学生家长深有感触地说：这是我第一次来到新寝室，寝室还是这个寝室，不过各方面条件都有了明显的改善。原先的格局太过拥挤，没有私人的学习空间，孩子也曾抱怨“寝室人多地少，东西经常没地方放”。现在寝室空间就合理多了，中间的那张大桌子也不见了，宽敞多了！六个同学都有相对独立的空间，上铺睡觉，下面是自己的学习和储物空间，的确让人眼前一亮啊！崭新的家具和统一的配置不仅视觉上焕然一新，大部分的私人物品都被收纳起来了，以前的“脏乱差”现象不见了，变成了现在的干净、整洁、舒适，很有一种“家”的味道。我孩子说“现在他和同学们都很喜欢待在寝室里，大家一起生活，一起学习，一起快乐……因为寝室是他们大学生活中最值得回味的地方！”

都说寝室是“第二个家”，这样才像“家”嘛！

浙江交通职业技术学院的另一位学生家长还说：寝室里的几个同学关系看起来也非常和谐。“励志力行”的校训挂在寝室墙上激励自己，看来同学们都是非常努力的，这样的氛围才是大学寝室该有的氛围！如果寝室不像寝室，没有了“家”的感觉，除了睡觉大家都是不愿待在这里，那学习怎么搞得好？所以，我觉得文明寝室的最大好处就是让同学们都把寝室既当成生活的地方，也当成学习的地方，更是成长的地方！

交院公寓三字歌

交院情 交通魂 汇四海 一家亲
崇励志 尚力行 扫一室 成良器
讲卫生 成良习 废旧物 别乱弃
被叠好 地常净 门窗亮 物整齐
树新风 讲礼仪 勿喧哗 不嬉戏
进公寓 轻步履 互帮学 共勉励
作与息 有规律 十点半 灯人静
禁烟酒 弃粗语 会亲朋 先登记
防火灾 要警惕 慎用电 避万一
防盗窃 勿大意 人离开 门锁闭

浙江交通职业技术学院
后勤服务总公司

毕业生如是说

自2012年开展大学生文明寝室创建活动以来，浙江传媒学院学生积极参与其中。2015年9月29日，该校后勤管理处专门对部分毕业生进行了回访，在表达母校对毕业生们的关怀、慰问之情的同时，细心倾听了毕业生们对文明寝室创建活动的感受和建议。

皇甫俊杰（现为浙江电视台少儿频道节目主持人）肯定了文明寝

浙江传媒学院学生生活区

室创建活动对他的积极影响。“传媒的住宿条件还是很不错的，寝室加装了空调以后，学生们再也不会在夏天热得大汗淋漓，冬天冷得瑟瑟发抖；投币式公共洗衣机，很方便，而且阿姨还会定期消毒，用得也放心。”来自浙江之声广播电台的 2014 届毕业生蔡蓉也充分肯定了学校文明寝室创建活动给同学们在校学习期间带来的生活和学习上的便利，她同时肯定了学校广开渠道，听取学生意见建议，不断完善后勤保障服务的积极举措。她说：“学校开展‘校长面对面’等活动，可以实现学生和校领导面对面的交流和沟通，及时、妥善、有效地解决各种寝室问题，促进文明寝室的建设！”

在肯定文明寝室建设的同时，两位校友也提出了自己的建议。一方面，他们认为传媒学院是偏重艺术类的学校，而艺术讲究的是一脉相承，所以要注重朋辈互助在文明寝室建设中的作用。另一方面，两人都建议在学生公寓内设立公共客厅，供学生们交流活动使用，以增进同学间的情谊。

浙江传媒学院毕业生蔡蓉接受关于文明寝室创建活动的专访

在校学生如是说

杭州电子科技大学生命信息与仪器工程学院关帅同学说："生活老师和值班室阿姨就像我们的家长一样，每天都在照顾我们。如我们寝室楼的阿姨，每天晚上归寝的时候，阿姨都在寝室楼门口等候我们，出入楼的时候也和大家打招呼，阿姨给我们的印象就是亲切。记得大一军训的时候，军训服破了不能穿，去找阿姨帮忙补好，平时买回来的饭凉啦，也帮我们用微波炉打热，还和我们聊天。每当放假回来去阿姨那里报到的时候，阿姨都能记住我们是谁，使我们没有了刚刚离开家的伤感。阿姨给我们的公寓楼带来了温馨！"

杭州电子科技大学卓越学、莫筱颖同学说："首先，我觉得一个良好的寝室环境，最主要是靠寝室里的四个人或者五个人一起共同营造。而我们这代人大多是独生子女，在家有父母帮忙料理家务，可能也不太会去主动承担家务。到了学校，需要我们独立生活，和室友之间要相互包容，合理分工，营造一个舒适的生活环境。而寝室阿姨定期的卫生检查制度，在一定程度上能够督促我们去定期打扫寝室卫生，打造一个个温馨的小家。就拿我们寝室来说，我们安排了值日表，平时都是大家一起轮着来倒垃圾，扫地拖地。每当阿姨要来检查的那天早上，我们四个人会早起一起大扫除，把卫生间、阳台这些平时可能不太注意的地方也打扫得干干净净，所以每次阿姨来检查的时候给的卫生分数还算蛮不错的，有时候阿姨检查完还会跟我们聊聊天交流一下。而且现在的卫生分数跟个人挂钩，把责任细分到个人。在我们学院，寝室卫生分数也占了德育分的一部分，成为奖学金评比的一项重要依据。所以，无形之中就更加督促我们努力地不去拖寝室的后腿，共同营造一个比较舒适的寝室环境。所以，我觉得定期卫生检查制度是很有必要的，对寝室环境改善真的是起到了很大的促进作用。"

打造生活德育新模式

自2010年9月始，嘉兴学院以机电工程学院为试点启动“密切师生关系，打造温馨家园，引领学生成长”师生共同参与，全员育人、全过程育人、全方位育人的生活德育新模式——“机电家园”。

学生寝室改造前

学生寝室改造后

变公寓为家园—— 营造 “温馨和谐”的生活德育环境

中国结、绿藤蔓、格子印花窗帘……在学生公寓架空层的有限空间中“机电家园”营造着独具特色的小天地。为了让学生在公寓内找到“家”的感觉，“机电家园”以环境育人、文化育人为抓手，精心打造“温馨家园”社区文化。“机电家园”打破了传统在课堂、实验室的教育空间局限，在公寓的公共空间设立了大学生活动室、自治服务中心、绿色书屋、成长辅导室、运动活动区，布置了教授寄语廊、学生作品廊、机电荣誉墙、优秀事迹展，制作了祝福墙、生日榜，营造“家园”的环境氛围。同时通过举办寝室文化节、社区体育季、中秋 party、科技梦想节、国庆电影周等各种形式健康向上的社区活动，丰富学生的日常生活。每年开学伊始，“机电家园”精心设计的“七彩生活导航”会引领学生开启“家园”的新生活。

变师生为朋友—— 构建“平等开放”的生活德育关系

为了更贴近学生，机电工程学院学生工作办公室、学生党团组织、学生会、社团均下移到“机电家园”学生公寓内，学院所有辅导员在公寓内办公，方便学生办事，方便与学生交流。

为了适应学生学习指导、生活指导、成长指导的需要，“机电家园”内组建了三个导师团：学业导师团、成长导师团和兼职导师团。学业导师团是以专业教师为主构成的，定期到公寓开展课程答疑、学术报告和学困生结对辅导等，培养学生的专业兴趣。成长导师团由具有心理咨询师、职业指导师等资格的思政教师组成，接受学生咨询，开展团体辅导，引领学生发展式成长。兼职导师团是由家园聘请的校内外老师、成功人士组建，定期在公寓内举办沙龙、论坛、小型讲堂等，拓宽学生视野。

文化沙龙内容涵盖数理、工科、人文、社科、心理学以及学生成长的各方面。学生在收获知识的同时，交换思想，共享心得，结交朋友，并已成为嘉兴学院的首届校园文化品牌之一。师生茶叙会上，老师除了专业方面的传授，还会就海外学习、企业任职经历、学科前沿等方面与学生畅谈，使学生感受到不同于传统课堂上的老师与教学。团体辅导开设新生适应、团队意识培养、激发贫困生内在动力与潜能、党员自我效能提升等项目，变单一、单向、缺乏反馈的传统辅导为互动回应的参与式、体验式、感悟式辅导。

学生公寓保洁员正在细心擦拭门窗

变住客为主人——侧重“学生自治”的生活德育形式

“机电家园”在公寓学生中首先建立了“寝室长—层长—楼长”三级自治管理体系。推行寝室长负责制、层长承包制、楼长责任制、辅导员每天走访制，开展了寝室卫生检查、抽查，达标寝室创建，星级寝室评选，“学习型寝室”“考研寝室”“党员寝室”亮牌活动，落实寝室表现与学生综合测评、评奖评优挂钩制度，激发了学生自我管理的积极性和主动性，规范了学生在公寓内的行为表现。

此后，完善大学生自治委员会，成立大学生自治管理中心和服务中心，整合六支学生团队，涵盖学生日常事务管理、学生会社团服务、爱心超市和绿色书屋运营、勤工俭学、便民服务、文化活动承办等内容，方便学生“一站式”服务。增强了学生自治管理意识和能力，同时，学生自治队伍在“我的社区，我做主”的开展过程中，也成为传播正能量的主力军。

2013 年建立“机电家园”公寓试点党团组织，整合机电公寓学生党办、公寓党支部、团支部先进青年资源开展“点亮微灯计划”和“IC 活动”等，发挥引领作用，深化学生自治服务的内涵。通过制定《关于机电工程学院各支部发展对象的量化考核办法暂行规定》《义工积分制》，将发展对象在家园参与党团支部活动和家园文明寝室创建活动的情况和成效列为重要考核因素，为提升大学生党员发展质量提供了更全面的考查依据。

变合格为特长—— 设置“个性定制”的生活德育内容

“机电家园”首先实行了“家园隐性学分”，按照“项目化、普适化、差异化”原则设计，旨在满足学生素质教育中全面教育与个性化引导的需求。家园内的学生在校期间应完成 3 个隐性学分；可细分为 A 类个性发展选修项目、B 类通识教育与辅导必修项目和 C 类志愿服务必修项目。其中，个性发展选修项目旨在推动学生个性化发展，学生在学科竞赛、科技发明、科研活动、校园活动、社会工作、体育运动、技能证书七大类中任意选择完成学分；通识教育与辅导必修项目涵盖了学生通识教育和生活指导等两个方面，旨在拓宽学生知识面，促进学生心智发展；志愿服务必修项目旨在培养所有学生的社会责任感与志愿服务精神。

针对“学困生”群体，“机电家园”启动“学业生涯助跑营”帮扶计划。以由高年级带低年级的两个助跑“营”和“好室友”帮扶团、家长帮扶团、成长导师帮扶团的“两营三团”为平台，以“集三爱于一生”为理念，通过“一生一档”形成动态管理模式，从各个方面，为学困生排疑解惑，给予其实际、直接、有效的帮助，让这些平时缺乏自信的学生也能感受到集体的温暖和成功的喜悦。

针对“创新者”群体，“机电家园”依托专业成立机械工程协会、电子设计协会和机器人爱好者协会，并成立创新活动小组。通过综合性、设计性与创新性实验环节、课外科技兴趣小组活动及参加教师科研项目，开展实践与创新活动，实现大学生工程能力与创新能力的个性化发展。开发利用协同创新 O2O 平台，做到网上选导师，网下做实验，在特定的创新题目下，自发由 3 至 5 人组成，跨年级、跨专业的创新小组，培养学生的协同创新能力。鼓励学生发挥专业特长，创办“雷锋侠”义务维修站，在培养学生动手能力的同时，注重培养其树立从微处着眼的服务意识。

以文明寝室建设为契机，提升公寓保障水平

浙江科技学院“文明寝室建设”是学校育人工作的需要，更是为大学生成长成才营造良好环境的需要。

2012 年，围绕省教育厅“深入开展学校文明寝室建设”的要求，学校将文明寝室建设，提高到作为育人成才的重点工程来抓。“一屋不扫，何以扫天下”， 文明寝室建设首抓寝室卫生“脏、乱、差”。书记、校长亲自带队，对公寓寝室进行巡查，强化管理引导，强化部门、校院联动、师生联动，强化监督考核。其次，抓寝室文化氛围，培育具有校园特色、生活气息、学生特点的公寓文化成果，引导学生形成良好的行为规范。最后，抓寝室的制度和硬件建设，使广大学生在整洁、愉悦的环境中健康成长。

在硬件提升上，学校根据《浙江省普通高等学校学生公寓配置标准》的要求，及时进行查漏补缺，对配置不全的寝室，添置了衣帽及毛巾挂钩，每个楼宇配备了学生物品储物间，发放了马桶刷，大厅添置了温馨宣传栏。利

用假期，学校加装了空气源热水器，结合宿舍“四改五”工程，为学生寝室添置了箱包架等。

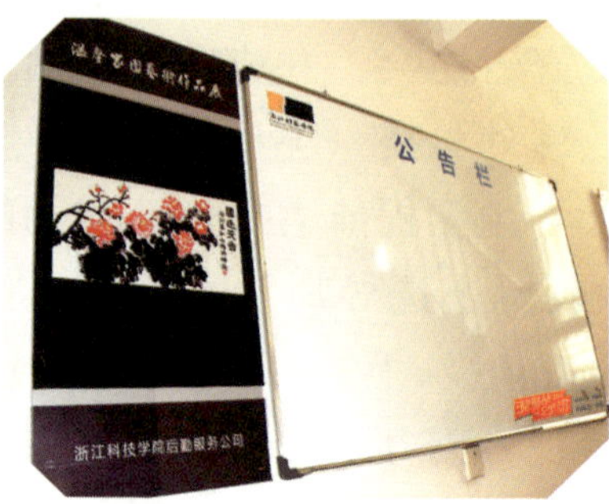

学生公寓楼配置的空调、公告栏、储物间

校长叶高翔（左二）走访学生寝室

制订迎评工作方案，将验收指标体系细分，逐项分解任务，落实责任。一方面，做好资料的建档工作；另一方面，到寝室、公寓楼、公寓区实地检查，查漏补缺。在公寓区，安装了电瓶车自助充电装置、划分了机动车停放区域、完成了公寓红外报警及门禁系统安装等。经过对公寓各项配置的整改与完善，学校于 2013 年 4 月 15 日向浙江省教育厅申报验收。

本着“以评促建，以评促改，重在建设”的原则，学校要求各部门必须做到“四个到位”，即宣传动员到位、组织领导到位、目标责任到位和检查落实到位。对照标准，做到材料完备清晰；设施完善好用；管理精细规范；服务优质温馨。

制度建设走在前

湖州师范学院在学生文明寝室建设活动中，全面加强制度建设，切实保障建设活动的有效推进。

建立常规制度

学校先后制定和完善了《公寓卫生管理办法》《公寓区活动场所管理办法》《公寓自修教室管理规定》《文明寝室评比办法》等日常管理制度，使寝室管理工作有规可依、有章可循。尤其是寝室卫生纪律工作，学校实行的是“周周查、月月查”的模式，一方面由学生自律组织配合后勤宿管员每周对寝室卫生、纪律进行检查，并将情况及时以周报的形式通报给各二级学院及相关职能部门，督促有问题的寝室及时整改；另一方面，学校每月组织公寓辅导员、相关部门工作人员对所有公寓楼进行检查，每次抽查结果都将作为学院学生工作考核的重要组成部分。这种周周查、月月查的模式，使得学生寝室卫生、纪律大为改观。这一系列管理制度的推行，为学生公寓管理服务的规范化、标准化提供了根本保障。

健全考评制度

一是把文明寝室建设工作与学生工作考核相结合，早在学校2010年制定的《党建与学生工作考核办法》中就已明确规定，学生寝室卫生纪律情况作为各二级学院学生工作考核的指标之一；二是把文明寝室建设工作与公寓辅导员考核相结合，学校重新修订了《公寓辅导员工作实施办法》《公寓辅导员考核办法》，明确将辅导员在公寓中的工作情况和业绩作为考核重点；三是把学生寝室表现直接与学生奖学金评定、入党推优结合，对那些在公寓区有违规违纪情形的学生实行一票否决。考评制度的健全，充分调动了学院、学生、辅导员三方的积极性，有力地推动了文明寝室建设工作。

大学生心理健康教育指导中心

实行联系制度

该校在校领导联系寝室制度的基础上，实施中层干部联系寝室制度，所有中层干部都与相应的学生寝室结对联系。学校要求全体干部从促进学生健康成长、提高办学水平和维护校园和谐稳定的高度，充分认识开展文明寝室建设工作的重要意义，通过联系寝室，帮助学校了解学生动态，为学校有针对性地开展学生思想政治教育工作提供参考。学校还将干部联系寝室的检查结果作为中层干部年终考核的重要指标。

创新载体强实效

台州学院在学生文明寝室建设中积极创新活动载体，不断增强工作实效。

坚持每年一届的公寓文化节

依托学生公寓这个阵地，开展雅室设计大赛、学生公寓楼名征集、文明卫生寝室评比等丰富多彩、寓教于乐的教育活动，为学生成长成才营造良好的环境和氛围。

注重发挥学生自治组织作用

学校还进一步健全了学生公寓管理服务体系，注重发挥学生主体的作用。建立了学生公寓自律委员会，每届选拔 10 多名优秀学生干部、学生党员等学生骨干担任该学生自治组织的负责人，同时配备了 3 名指导老师担任顾问，各二级学院（部）也相应成立了类似的组织；同时，学校还继续推行“学生骨干联系寝室制度”，确保每个寝室、每栋楼、每个学院都有学生骨干在结对联系、捕捉信息、沟通上下、发挥作用。通过这些方式充分发挥学生的积极性和主动性，加强学生公寓的日常管理。

注重学情分析和舆情引导

学校建立了学情报告单与学情分析会制度，要求寝室长、片区负责人每周分别向学院、学生公寓服务中心报告公寓区内存在的问题，并对一些共性问题予以专题研究；另外，以“如何推进学生公寓思想政治教育工作”等为题，多次组织召开座谈会、调研会和学生议事会。此外，还创办了《TCSC 直通车》小报，刊登相关服务信息，加强舆情引导。

深入开展文明卫生寝室评比

学校在现有寝室卫生检查制度、文明卫生寝室评比办法的基础上，根据省教育厅有关文件精神，进一步修订了相关制度，加强寝室的日常卫生检查，深入组织学生进行文明寝室的创建和评比。学工部还在每学期组织学工干部对全校所有学生寝室进行一次地毯式排查，查验阶段性工作成效。同时，依托学生公寓这个阵地，着力开展思想政治教育调研和实践活动。

建立学生创业园，提供就业锻炼平台

为锻炼学生的社会实践能力，拓展学生就业渠道，便于师生实践操作，学校在学生公寓区设有学生创业园工作室 12 间，已历时 6 年。

椒江校区学生公寓夜景

"五和"公寓促成长

台州是和合文化的发祥地。在办学过程中，台州职业技术学院十分重视与地方传统文化相衔接，系统推进以"和谐发展、和谐团队、和谐管理、和谐环境、和谐文化"这"五和"为主要内容的和谐校园建设。作为学生生活、学习的重要场所和课堂之外对学生进行思想政治工作和素质教育的重要阵地，学生公寓是学校开展"五和"建设的重要组成部分。学校按照"每和有载体，和和成篇章"的工作要求，抓重点、重积累、求合力、得实效，形成了具有自身特色和优势的"五和"公寓育人文化。

和谐发展促进技文双馨

在文明寝室建设中，学校牢牢把握高等教育的时代主题，秉承"提高后勤服务质量与学校教育质量同步，促进学生公寓文明素质与专业学习能力和谐"的理念，把公寓育人作为培养"技文双馨、和谐发展"的高技能人才的重要环节，将文明寝室建设作为检验、展示学校教育教学成果的重要窗口，不断强化公寓管理服务人员的育人理念，提升优质服务水平。

1. 深化育人理念。学校建立健全学生公寓工作体系，形成由学生工作部牵头、后勤管理部门协助参与、二级学院为实施主体的学生教育引导和管理服务机制。校党政"一把手"经常深入学生寝室检查和指导工作，每位校领导、中层干部、教师都要联系不同数量的学生寝室，校院两级还定期或不定期地组织检查考核，确保育人工作真正落到实处。后勤管理部门通过宣传教育、政策引导、考核奖惩等有效措施，不断强化公寓管理服务人员的育人意识，使他们牢固树立"以学生为本""管理即服务""三全育人"等理念。每年12月，集中开展"优质服务月"系列活动，内容包括现场服务、业务培训、文化交流、展览咨询、金点子征集等项目，打造服务品牌，努力为学生提供更优质的服务。

2. 建设"学习型寝室"。为了在公寓区营造良好的学习氛围，进一步推动优良校风学风建设，由学工部牵头，每年组织"学习型寝室"评比活动，评比的依据主要包括寝室成员的学习计划、学习氛围、学习成果、学习记录等，要求具体明确，实行量化考核。对于评选出来的"学习型寝室"，学校给予资金支持，用于布置学习园地、购买书籍和读书笔记等，同时根据寝室成员的不同要求，组织他们参加政治理论、实践技能、素质拓展、考证辅导等学习活动。这些"学习型寝室"，有的开展"比学赶帮超"活动；有的组织职业技能大比武，在学习上进行良性竞争；有的公开晒学习笔记，相互交流学习心得和体会；有的组队参加学科竞赛；有的集体参加社会实践活动，使公寓区的学习氛围渐趋浓厚。

3. 塑造职业精神。在文明寝室建设中，学校根据历年来毕业生跟踪调查和用人单位反馈的意见，将培育学生的职业精神和文明行为习惯作为学校育人的首要任务来抓。一是系统设计职业精神塑造工程，建立文明修身学校，倡导学生勤奋工作从刻苦学习开始，吃苦耐劳从不睡懒觉和积极锻炼开始，诚实守信从诚信考试开始，团队合作从公寓团队建设开始，追求人际和谐从同学友好相处开始。二是举办"规范文明行为，严肃校风校纪""走下网络，走出寝室，走向操场"等各种形式的宣传教育活动，在公寓区设置文明行为提示板、不文明行为曝光栏等，发动学生定期开展公共区域卫生大扫除，努力使文明行为成为每个学生的自觉行动。三是实行量化考核，把学生在公寓区和寝室内的表现作为综合测评、评奖评优、推优入党的重要依据，强化正面导向，进一步规范他们的行为习惯。

和谐团队夯实育人基础

人是文明寝室建设的第一要素。尽管许多后勤服务是以体力劳动为主，却是关乎高校稳定的大事。如何坚持以人为本，一方面调动员工的积极性，建立一支和谐向上、精益求精的工作团队，另一方面发挥管理体制的优势，把"自然"形成的寝室单元建设成为有组织的团队，从而在后勤工作以教工为本与后勤服务以学生为本两者之间寻求平衡，为全校文明寝室建设奠定基础。

1. 提升队伍能力。学校设有学生公寓管理办公室，配备工作人员62人，每幢学生公寓均配有1名宿管员、2名保洁员、1名楼长和2

名公寓辅导员。由于学校的政策保障措施到位，他们安心本职工作，专业化水平较高。为了帮助他们做好育人工作，学校每年组织一次公寓干部外出考察，学习借鉴兄弟院校的先进管理理念和工作经验；每学期举办一次公寓工作人员业务培训班，开展文明礼仪、学生管理、应急处置、上岗持证等方面的培训；每季度召开一次公寓工作研讨会或交流会，总结以往工作的经验教训，探索公寓管理和服务的新路子；每月开展一次公寓师生互动交流活动，融洽工作人员与在住学生的关系，打造和谐的公寓人际关系。

2. 建设“党员示范寝室”。一个党员就是一面旗帜。学校充分发挥党员的引领示范作用，在每幢公寓楼内均悬挂学生党员明示牌，公布在住学生党员的基本情况、工作职责、监督方式等，接受广大学生的监督。在经审核批准后挂牌的党员示范寝室，设立学生党员责任区和民情周记，要求广大学生党员不仅带头做好本寝室的团队建设工作，还必须积极参与公寓管理、文化建设、卫生保洁等工作，及时了解、记录、反馈周围学生的最新思想动态和问题，主动参加各类学习和公益活动，宣传推广优秀学生事迹，协助处置突发事件。学校每月组织一次“党员示范寝室”达标考评，并建立汇报交流制度，听取学生党员的反馈意见，相互交流工作经验，对存在的问题共同研究解决方案。由于效果明显，该活动荣获 2006 年度台州市党建工作创新奖。

3. 开展和谐寝室创建。学校以外语系为试点，着眼于寝室团队建设，从卫生状况、文化建设、学习氛围、人际关系等方面，开展“和谐寝室”创建活动。每学期开学初，以寝室为单位进行自愿申报。所有申报对象均在寝室门上统一悬挂“和谐寝室申报对象”标牌，接受师生监督，每学期末通过综合评定达到标准的，命名为“和谐寝室”。在试点基础上，学校在全校推广，每年专门安排一次“和谐寝室建设月”，集中展示和谐寝室建设成果。

和谐管理激发主体自觉

在文明寝室建设中，学校充分遵循高职教育规律和人才培养规律，按照“爱字当头，严在其中”的要求，积极探索思想政治工作进公寓的有效途径，在严格管理的同时，尊重个体的发展需求，激发个体的生命自觉，实现公寓管理和服务的升级。

1. 狠抓制度建设。制度是管理的基础、育人的保障。学校广泛学习调研，对照上级文件要求，学习借鉴兄弟院校的成功经验，深入师生听取意见和建议，对学生公寓的管理制度进行一次全面的梳理。在原有工作的基础上，制订、修订了《学生公寓管理细则》《寝室内务评比标准》《寝室卫生检查工作规范》和《学生公寓工作人员岗位职责》等20余项规章制度，使育人工作进一步走向规范化、制度化、科学化。同时狠抓制度落实，结合党的群众路线教育实践活动，开展了“找差距、抓整改、求创新”活动，对反映出来的问题逐条逐项抓落实，并将其纳入部门和干部考核内容，确保各项制度执行到位。

2. 发挥学生作用。为了更好地发挥学生在公寓管理和服务中的主体作用，学校千方百计地调动各级学生组织和社团、广大学生党员和干部“自我教育、自我管理、自我服务”的积极性和主动性，成立了公寓自治管理委员会，各公寓楼设自管会主任，各楼层设楼层长，各寝室设寝室长，协助公寓管理服务人员做好公寓的日常管理服务工作。由于他们从学生中来，到学生中去，最贴近学生的生活，能充分掌握在住学生的实际生活需要，从而有利于带动和引导广大学生自觉参与到公寓的安全教育、文明监督、卫生管理、文化建设中来。学校鼓励和支持学生参与公寓的日常经营管理，凡是与学生切身利益相关事务的决策，尽量通过微谈话、恳谈会、座谈会等方式听取学生的意见和建议。

和谐环境完善育人阵地

学校的部分学生公寓建成时间较早，基础设施相对落后。在文明寝室建设中，学校坚持公寓标准化建设的软实力与硬实力一起抓，努力改善公寓的基础设施，加强各种阵地建设，为公寓育人和学生生活提供便利条件，使公寓整体面貌焕然一新。

1. 完善基础设施。学校千方百计挖掘内部潜力，集中有限的人财物资源，先后投入自有资金630余万元，根据《浙江省普通高等学校学生公寓配置标准》的要求，针对学生反映的突出问题，利用寒暑假时间，对不达标的公寓基础设施进行了大规模的改造。投入专项资金300余万元，用于变电房扩容改造，基本解决了长期困扰在住学生的用电难问题。同时对学生公寓区进行了统一规划、合理布局，10幢公寓形成了3个集中的区块，男女生分楼住宿，便于管理和服务，并在所有学生公寓安装了监控设备，有专人24小时值班，为所有一、二层寝室加装防盗窗和门禁系统，改造消防通道，按规定配足消防设备，每月定期检查并做好维护保养。

2. 建设育人阵地。学校在公寓区设立学生活动中心、心理健康教育中心，每幢公寓楼内都配置 1 间辅导员办公室和 1 间学生活动室，供辅导员、班主任、教师与学生交流使用。学校重视门厅文化、走廊文化建设，根据高职院校学生公寓的特点，在走廊、门厅等处悬挂名人名言文化板，在楼梯口、洗漱间、卫生间等处张贴公益广告板、安全警示板，在公寓墙面布置温馨提示标语和寝室文明用语。学生自己也参与到和谐环境建设中。如装饰专业的同学以中国梦为主题，在公寓区的临时围墙上用钉子和线条设计成各种美丽的图案。

和谐文化绽放校园活力

在文明寝室建设中，学校将公寓文化建设纳入校园文化建设的总体规划，初步形成以上半年的公寓文化节，下半年的“和谐寝室建设月”为主体，同时配合学校举办各种主题活动的文化格局，使校园文化从教学区延伸至生活区，打响了独具特色的公寓文化品牌。

学校的公寓文化活动兼具校园特色、生活气息、学生特点。在活动策划上，始终紧扣“和谐、和睦、和圆”的宗旨，每年都围绕一个主题，不断创新活动载体，开展学生喜闻乐见、参与性强的活动。在组织形式上，多以公寓楼或寝室为单位组队，强调以寝室为单元，注重培养学生的集体意识和团队协作精神。在项目设置上，活动贴近学生的公寓生活，例如寝室设计大赛、厨艺大比拼、消防安全演练、公寓恳谈会等，有利于增强学生对公寓的认同感和归属感。在内容覆盖上，活动涉及思想教育、学术技能、文娱体育、生活休闲、实践锻炼等方方面面，为不同群体、不同类型、不同年级的学生提供了选择空间。公寓文化节每年举办一届，每次都能吸引大批学生前来参加，已经成为校园文化的一道亮丽风景线。

总之，学校的“五和”公寓文化建设，与学校整体育人工作相衔接，取得了一定成效。许多学生受益于良好的公寓文化氛围，在学校 3 年迅速成长。当前，学校党委、行政提出了建设学校“五和”文化的升级版，推动和、圆文化建设。学校将继续坚持软硬件两手抓，建立更加完善的育人机制和育人阵地，使文明寝室建设的成果得到进一步巩固和深化。

凝练特色增内涵

浙江育英职业技术学院十分重视学生公寓文化建设，大力组织开展丰富多彩的寝室文化活动，积极营造浓厚的寝室文化氛围。学院将文化艺术节、社团文化月等校园文化活动从教学区延伸至生活区，将学生公寓作为校园文化活动的主要阵地之一。

绿荫掩映的学生公寓区

学院在学生公寓醒目位置，统一布置寝室文明系列规章制度，在楼道等公共区域统一设计、合理布置具有学院办学特色、符合学生年龄特点的图文，同时规范学生寝室内的文化布置，真正实现“经典格言上墙、制度规范上栏、警示提醒入室”，时刻明示广大学生做到言行举止文明，营造整洁、高雅、文明的生活学习氛围。以“职业人”培养理念为基础，培育公寓文化，以文明寝室评比为机制，增强学生公寓的文化内涵。

与此同时，学院把文明寝室建设作为工作重点，以创建文明、整洁、有序的生活环境为目标，以提高学生劳动意识、生活技能、综合素质为重点，结合要求学生参加公益服务的课外实践要求，开展文明寝室评比、“宿舍文化节”、“寝室美化设计大赛”、“公寓文体活动大赛”、“我的寝室我的家”等活动，评选“优秀宿管干部”“我最喜爱的宿管老师”“优秀寝室长”。

五个“到位”促建设

浙江旅游职业学院认真贯彻省委、省政府和省教育厅关于高校文明寝室建设的重要指示精神，全面落实《浙江省普通高等学校学生公寓配置标准》，大力开展阳光工程，不断打造文明寝室，使学生公寓真正成为学生成长成才的第二课堂。

思想认识到位

自接到省教育厅下发的《浙江省普通高等学校学生公寓配置标准》文件以后，学院领导班子高度重视，立即召开专题会议，研究部署标准化学生公寓建设工作。一是学院成立了标准化学生公寓建设工作领导小组。组长由院长担任，副组长由分管学生工作和分管后勤工作的副院长担任，成员有办公室、宣传部、学工部、院团委、财务处、保卫处、资产（基建）处、后勤服务公司及各系主要负责人组成；二是明确学生公寓标准化“建设起点要高，执行标准要严，查找问题要准，整改措施要实”的要求；三是对照《标准》，逐条逐款进行检查，对查出的问题，做到“四个明确”：明确分工领导，明确责任部门，明确责任人员，明确整改时间。正是由于思想统一，认识到位，分工明确，责任到人，学院标准化学生公寓建设可谓“一路绿灯”，推进顺利。

学生公寓楼外景

学生公寓晾晒架

设施建设到位

巧妇难为无米之炊，标准化学生公寓建设关键是一个字——钱。由于学院南校区是2002年建成的，当时的理念与现在的标准存在着一定差距，该有的没有，如没有洗衣房、开水房、储藏室、活动室、热水器。而不该有的都有，如有苍蝇、蚊子、蟑螂、老鼠、臭气。针对上述问题，学院以标准化学生公寓建设为抓手，砍掉了一些工程，调整了一些项目，一切为标准化学生公寓建设让路。仅2012年、2013年两年时间，学院就拿出1030万元用于学生公寓的维修改造和设施设备更新。经过全校师生的共同努力，目前，5个没有的均有了，5个有的4个没有了，还有一个臭气问题，因为学院周边存在着萧山农场的养猪场和臭水河，学院职权内无法解决。

管理检查到位

高职院校的学生与本科院校学生相比，存在着“学习的自觉性差一些，自我控制的能力弱一些”等实际情形。近几年，学院针对高职院校学生的这一特点，在疏通引导上下功夫，在言传身教上做文章，不断加大管理检查的力度，并形成了一整套行之有效的制度。第一，“三个一”检查公示制度。所谓“三个一”检查公示制度，即每天一检查。每天对学生寝室至少检查一次，检查的主要内容包括寝室卫生、违禁电器使用和夜不归宿等方面的情况，每周一汇总。后勤公司每周汇总检查情况，书面报学工部，学工部将检查情况反馈给各个系（院），每月“一公示”。每月将检查结果在校园网上予以公布，并下发各系（院）；各系（院）对后勤公司检查的情况要做出相应的处理，处理结果也要在学校校园网上予以公布。这一项制度已经坚持了5年，效果比较好。第二，“1+1”联系学生寝室制度。学院领导、中层干部、教师及部分行政人员每人至少联系一个寝室，走进公寓，贴近学生，上门检查指导，主动融入学生日常思想教育和管理工作。第三，学生纪实考评制度。在“三个一”寝室检查基础上，建立公寓学生纪实考评。对在日常寝室卫生检查中发现的优秀寝室，可在学生年度综合素质测评时获得素质加分，有利于学生评优评先和入党。对在日常寝室卫生检查中发现的“脏、乱、差”寝室，除在校园网上公布外，责成班主任整改；整改效果不佳的，则予以通报批评，取消寝室人员评先、评优、入党等资格，直至取消所在班级“星级班级”评选。第四，亮牌制度。在每个学生寝室的门口标示出寝室成员姓名、班级、身份（是不是党员，是不是学生干部）等内容，促使学生党员、学生干部在文明寝室建设中起模范带头作用。在学生公寓管理上，推出上述“组合拳”以后，“脏、乱、差”寝室明显减少，卫生优秀寝室越来越多，学生对居住环境的满意率也越来越高。前不久，学工部、后勤公司分别对学生进行了问卷调查，80% 的同学对居住条件表示满意，对学院的寝室管理表示认可。

协同作战到位

标准化学生公寓建设是一项系统工程，涉及学校的多个部门，特别是有一些交叉工作，可以说谁都可以管，谁都可以不管。但各部门都能以大局为重，相互支持，主动配合，形成了上下一齐抓、各部门合力共同抓的良好氛围。学工部作为标准化学生公寓建设的牵头部门，在规范公寓管理、健全公寓管理制度、加强公寓文化建设等方面做了大量工作；院团委以提升学生综合素质为目标，积极开展“一进二赛三养”寝室文化活动（一进：学生党团组织进寝室。二赛：“我寝我秀”大赛和寝室文化设计大赛。三养：养成讲卫生、爱清洁的习惯，养成讲道德、守纪律的习惯，养成讲文明、树新风的习惯）；保卫处以人防管理为重点，以技防建设为辅助，以消防演练为抓手，努力打造“平安校园”；后勤公司在学院经费困难的情况下，积极引进社会力量，解决了学生洗澡难、乘车难、洗衣难等一系列实际问题。在标准化学生公寓建设中，各系（院）不当观众当选手，积极参与文明寝室建设。如酒店管理系的团总支举办了“友谊长存共建星级班级，团结奋进争创文明寝室”千人签名宣誓活动，旅游规划系党总支牵头开展“我的寝室我美化”活动，烹饪系召开“美味人生”行动计划启动仪式暨文明寝室建设动员大会，等等，大力营造文明寝室建设氛围。

《标准》落实到位。对照省教育厅下发的《标准》，学院分别于 2012 年 10 月、2013 年 5 月和 2013 年 9 月进行了三次自查和整改，从检查和整改的情况来看，一次比一次有进步。通过两年时间的建设，完全达到了标准化公寓建设所提出的“物品有地方放，洗的衣服有地方晾，上网有地方上，不用的东西有地方扔”的“四有”要求。

附录

浙江省委教育工委书记、教育厅厅长刘希平同志在全省高校寝室卫生管理和文明建设工作现场会上的讲话

2012年6月14日

今天我们把全省各个高校书记或校长、院长和分管的副书记或副校长、副院长请到绍兴文理学院来召开现场会议，只为了一件事，就是研究部署高校学生寝室卫生工作，放大来说也就是研究高校寝室卫生管理和文明建设工作。现场会分两个阶段进行。在第一个阶段，大家参观了绍兴文理学院公寓学生场所，观看了学校做好学生教育管理工作的展览和宣传片。我想大家一定会有很大收获。这些年绍兴文理学院在加强学生寝室卫生管理方面做了很多积极的探索，特别是在整合各方资源、建立由学工系统为主的公寓学生工作体系，公寓设立学生自修室、学生活动室，寝室卫生每周二级学院检查、每月学校检查和检查结果通报等方面，做得比较有成效。刚才，5所学校又做了很好的交流，介绍了他们的思考和做法，他们的经验和成就给了我们不少启示，更让我们找到了信心。团省委王征副书记做了讲话，讲了很深刻的对寝室作用的认识，并就充分发挥共青团和学生组织的作用，调动学生参与寝室卫生管理和文明建设的积极性提出了很好的要求。感谢团省委对这项工作的重视和长期以来对高校工作的支持。

今天我们研究的高校寝室卫生管理和文明建设工作，既是做的命题作文，认真贯彻夏宝龙省长的讲话要求，更是做的应做作文。搞好学生寝室卫生，加强寝室卫生管理和文明建设，是我们各个高校都应该做好的工作。做好应该，做不好惭愧，甚至是失职。大家都知道，今年5月16日夏省长在参加全省高校科研成果面向企业转化推介会时，对高校管理主要是学生寝室卫生状况提出了尖锐的批评。在座的不少高校领导都参加了那次会议，亲耳聆听到省长的批评。应该说夏省长的讲话，并不是专指我省哪一所高校，甚至也不是专指我省高校，而是针对国内高校共同的问题有感而发讲的想法。省长的讲话在全社会引起了很大反响，可以说是一石激起千层浪，许多媒体都进行了报道，各大网站争相讨论。一开始反响并不一致，有叫好，也有的不以为然。但是随着议论的深入，社会舆论越来越认同省长的批评。其中凤凰网发起的一项网上调查很能说明问题。有51245名网民参与投票调查。调查设定了3个问题：1. 你如何评价自己经历的高校宿舍卫生状况？很好，干净整洁，占21.12%；很糟，又脏又乱，占48.01%；看得过去，占26.29%；不

好说，占 4.58%。2. 你认为高校宿舍卫生是否代表高校管理水平？代表，坐卧起居、宿舍卫生也是教育的重要部分，占 56.06%；代表，良好的宿舍环境是好学校的必然要求，占 26.68%；不代表，宿舍卫生问题应当给学生更多自主空间，占 7.85%；不代表，宿舍卫生和学生素质、学校水平没有必然联系，占 7.82%；说不清，占 1.59%。3. 你是否认同省长对高校宿舍卫生的要求？认同，一屋不扫何以扫天下，这是品格训练，占 64.03%；认同，宿舍仍然是公共空间，这是门公民课程，占 19.76%；不认同，是小题大做，这不是教育问题的重点，占 6.1%；不认同，这是私人空间的问题，可倡导，但不能一刀切，占 8.05%；不认同，军警院校自当严格，地方院校没必要，占 1.11%；说不清，占 0.95%。

省长的话掷地有声，民众的态度总体上也相当明确。加强高校寝室卫生管理和文明建设，作为一个不可回避的问题，摆在了我们所有高校的面前。说实话，我们感到了不小的压力，但从心里讲，我们赞同省长的批评和要求。那天现场书记校长们的掌声就充分说明了这一点。怎么样才能抓好这件事，特别是怎么样才能让广大同学自觉主动地参与这件事？最近一个时期，我们做了一些调查研究。从调查情况看，抓好这件事并不容易，需要各方面重视，多管齐下开展工作。

第一，进一步深化认识

认识是先导，认识水平有多高，重视程度才会有多高。学生寝室卫生问题由来已久，这样说并不意味着我们所有高校所有学生寝室卫生状况都不好。那样打击面太大。我们不少高校不少学生宿舍还是整洁干净的，有的还很温馨。但就高校整体而言，学生寝室脏乱差还是相当突出的。不是省长批评了，我们才看到了这一突出问题。事实上，我们平时都看到了，也听到了，只是遇到得多了，看到得久了，有些见怪不怪，麻木了。大家内心深处都把它当成了一件小事。在校领导眼里，经费投入、学科专业、教师队伍、校园稳定是大事，寝室卫生那是基层很具体的事；在专任老师眼里，教学尤其是科研是大事，寝室卫生那是辅导员或后勤管的事；在辅导员和后勤工作者眼里，各种事太多了，这个事也摆不上位子；在学生眼里，学业才是大事，寝室脏点、乱点算不了什么。一句话，大家都把它看成了小事。

真是小事吗？如果只是就事论事，确实是小事，是一件学生个人的事。但如果就事论人恐怕就不是小事了，而是一件很大很大的事。人是生活在环境中的，环境对人的影响是全方位、潜移默化的。处于一种什么环境，对一个人的影响很大。对于青年学生来说，环境对其成长的影响更大。孟母三迁，择善邻而居之，说的就是环境对育人的极端重要性。高校育人不仅仅表现在课堂上，表现在各类实验室教学、社会实践活动中，也表现在整个校园环境上。在诸多校园环境因素中，寝室环境对一个学生的影响可能更为直接具体。大学3年或4年，对大多数学生来说，百分之五十以上的时间是在寝室里度过的。寝室不仅是学生睡眠、休息的场所，也是学习的场所、沟通交友的场所以及娱乐身心的场所。回顾大学生活，许多同学记得最牢的是室友，谈得最多的常常是寝室中的种种琐事。寝室环境、室友感情常常会影响到一个人的一生。正因为如此，大家称大学学生寝室为学生的第一社会、第二家庭、第三课堂。一个整洁的寝室，不仅有助于学生享受良好的当下生活，让学生拥有一个良好的休息、学习、交友空间，更有助于培养学生良好的行为操守和品格。它会让一个人养成良好的生活习惯，会让一个人变得爱劳动，会培养出一个人常为他人着想的集体主义思想，而这些正是我们学校教书育人所希冀达到的目标，也是家长和社会所希冀达到的目标。学生如果养成了这些好的行为习惯、思想品质，会使他受益终身。不仅事业受益、个人及家庭生活也受益。相反，如果整天生活在一种脏乱差的环境中，不仅会使当下的大学生活受到影响，生活品质低下，而且久而久之会使一个人变懒，变得越来越自我，变得精神萎靡不振，甚至没有了学业和事业的追求。正如夏省长所说，一个脏乱差的寝室环境是很难培养出高品味的学生来的，同理一个连学生寝室卫生都管不好的学校，很难想象能够成为一所好学校。一屋不扫何以扫天下，对学生如此，对老师和学校也如此。

因此，我们贯彻省长的要求，抓学生寝室卫生管理和文明建设，既要就事论事，切实把寝室卫生抓好，更要就事论人，把它作为育人工作的重要抓手来对待。省长讲话的深刻含义，不仅在前者，更在后者。我们深化认识，应着重在后者上深化认识，切切实实把加强寝室卫生管理和文明建设作为育人的大事来看待。省长提出抓学生寝室卫生，给我们指出了很好的加强学生思想品德教育的工作切入点。我们一定要抓好这件事，以此促进学生整个品德教育和实践走向深入。不仅仅是要让学校领导和管理人员有这样的认识，还要通过广泛的宣传，让老师、让学校的全体干部职工、让所有的学生及家长都有这样的认识。

第二，强化寝室管理

首要的是要进一步明确相关寝室卫生管理要求。这方面我们各个学校都有，但执行得不好，或不够好。这些年我们的校园管理总体上有些失之于软，不敢管，不会管。很多要求只是写在纸上，没有很好落实。有的甚至藏之于室，没有宣传，学生不知道，管理人员也不知道。这次我们各个学校要对各类有关寝室卫生和秩序的管理规定很好地清理一下，进一步明确相关要求，并以最简练的语言、能让学生记得住的语言在公寓内上墙，让学生天天都能看到。每个学校应从自己的条件和学生的认同情况出发，细化管理要求，同时加以宣传解释，使每一个学生都能感受到这些要求是合理的，本质上是为学生创造一个好的环境。每一个学校寝室管理要求可以有所不同，但一些基本的要求，安全、整洁、和谐都应该达到。

一定要强化学生在寝室卫生管理和文明建设中的主体作用，这是做好这项工作的根本。寝室既是学生个人的生活空间，也是一个集体的公共空间。搞好寝室卫生首先应是学生自己的责任，这既是对他人、学校负责，也是对自己负责。大学生基本上都已经进入成人年纪。成人要有成人的担当，自己的事自己做，寝室的事大家共同来做，每个人都应该为寝室卫生管理和文明建设做贡献。这个要求我们要向全体学生明确地提出来。对党团员和学生干部要求应更高，党团员和学生干部在寝室卫生管理和文明建设上，要更积极主动，真正起到表率作用。寝室长原则上要由党团员和学生干部担任，要把这个担子交给他们。要充分发挥学生党团组织和各类学生会以及学生社团的积极作用，努力提高学生在寝室卫生管理和文明建设中的“自我教育、自我管理、自我服务”能力。

积极推动广大干部教师走向学生寝室。这既是搞好寝室卫生管理和文明建设的需要，更是促进学校全员育人、全方位育人、全过程育人的需要。这些年学校发展很快，一个大学动辄就是上万人规模。学校办大了，一定要防止干群关系疏远和师生疏远问题的发生。事实上这些年在一些学校这方面的问题已经变得比较突出了。不仅干部、领导与学生相当生分，就连老师和学生的关系也很生分。现在的任课老师又有多少能叫出自己所教学生的名字？不认识学生、不了解学生，我们的育人目标怎么能够实现？在抓寝室卫生管理和文明建设中，我们各个学校一定要全面建立和实行干部教师联系学生寝室制度。首先做到每个寝室都有一名干部或教师联系，在此基础上，鼓励所有的任课老师进公寓进寝室。学校领导班子成员不仅要联系寝室，还要包干联系 1—2 幢学生公寓楼。要通过推动干部教师联系寝室，促进干部教师加强与学生的交流沟通。有条件的学校还可尝试实行书院制，在公寓设置心理咨询、就业指导、学生事务办理等工作室，逐步把学生工作的重心从教学区转移到生活区，从思想上给予学生更多的关心，从学业上给予学生更多的辅导，从生活上给予学生更多的帮助，让学生在寝室里能够更多地感受到家一样的温暖，感受到犹如父母般的关爱，进而奋发向上，自觉把寝室卫生和文明建设搞好，把学业修好，争做品学兼优的好学生。

第三，积极改善公寓设施条件

深入分析，一些学校学生寝室脏乱差，不仅仅是管理不够的问题，也不仅仅是学生不注意的问题，还有一个设施条件跟不上的问题。这些年，为了解决有书读，不少学校都扩大了招生规模。扩大招生，学生数上去了，但后勤设施跟不上，公寓不够用，只能对已有学生寝室做 4 改 6、6 改 8 的改造。由于寝室人数增加了，使得学生生均空间相对变小。同时这些年随着国家的迅速发展，人民生活水平的不断改善提高，表现在学生上，个人物品也越来越多，衣服多了，鞋子多了，各种日用品、学习用品也多了。但寝室还是那个寝室，狭小的寝室空间放不下生活改善的成果。因此，抓寝室卫生管理和文明建设，我们不仅要把精力放在调动学生参与的积极性和管理上，还要有计划地改善学生公寓条件。

改善学生公寓条件，重点应放在解决学生生活突出困难上。近期各个高校应着力解决几个问题：一是物品有地方放。空间大一些的寝室要增加些橱柜；寝室空间小的公寓，可考虑在每一楼层增设 1—2 间学生物品储藏室。二是洗的衣服有地方晾，在一些空间增设一些供学生晾晒衣服的架子。三是上网有地方上，尤其是应多接一些网线和插座，让学生方便上网。四是不用的东西有地方扔。可以给每个寝室配一个扔瓶子等的筐子。此外有条件的学校还可以在学生公寓增设学生阅读室、活动室，使学生不一定都挤在寝室，在公寓大楼内也有相对安静的活动空间。做这些事花不了多少钱。今年暑假就应该完成。即使多花一些钱也要做。一个好学校应该永远把学生和老师的切身利益放在第一位，哪怕影响到其他方面，也要把学生和老师反映强烈的问题解决好。把设施条件方面的问题解决得好一些，我们抓寝室卫生管理和文明建设便有了基础，同学的气也会更顺一些，参与抓寝室卫生管理和文明建设的热情也会更高。

第四，切实理顺管理体制和加强检查考核

现在在学校，涉及寝室卫生管理和文明建设的部门很多，学工、后勤、保卫和二级学院都涉及，但以哪个为主，在不少学校一直都不明确，都管都不管，都管不实。体制不顺，责任不明确，也是造成学生寝室脏乱差的重要原因。必须理顺管理体制，明确责任。首先要强化学校领导的责任，学校党政主要领导都要亲自关心和过问这项工作，重大问题亲自协调解决；分管领导要落实具体抓的责任。要把寝室管理和文明建设列入班子议事日程，班子所有成员都要参与联系寝室工作。其次要建立学工主导、后勤保卫协助，二级学院为主实施的管理体制。这里的关键是强化学工牵头的责任。之所以这样要求，一是进一步突出寝室卫生管理和文明建设的育人作用。二是充分发挥学工线和学生关系密切的优势。希望我们各个学校学工线的同志都能很好地挑起这个担子，积极主动地做好牵头工作。同时也希望各个学校能给学工线减点负，少安排学生工作以外的事，少点打杂的事，让一线的辅导员能够聚精会神地做学生工作。提出这样要求，决不是说后勤、保卫等部门可以少负点责任，而是要求后勤、保卫等各个方面要主动接受学工线的牵头组织，更有效地履行好自己的职责。特别是后勤，公寓设施条件改善工作一定要做到位，宿管员的值班和服务一定要尽心尽职。

在理顺管理体制、明确管理责任的同时，要进一步研究加强和改进检查考核工作。一方面，建立健全督促检查考核制度，做到每一栋公寓楼内部每周组织一次寝室卫生检查评比，每个学校每月开展一次公寓卫生及秩序抽检活动，教育厅每学期不定期对学校寝室卫生和文明建设进行抽查，或组织学校之间互查。另一方面，研究检查形式和方法。这件事要多听听学生意见，积极吸收学生参与检查，做到既有效推进检查，又切实防止影响学生正常休息和学习的事情发生。检查或抽查，既要注意发现问题，督促做好整改工作，又要注意发现总结推广先进典型，努力用学生身边的人、身边的事教育引导学生。还要积极向新闻媒体推介文明寝室建设工作的先进典型，推动全社会关心支持学校学生思想道德建设工作。作为教育工委、教育厅，我们将把寝室卫生管理和文明建设纳入高校领导班子考核、党建工作考核和大学生思想政治教育工作考核。各个高校也应将寝室卫生管理和文明建设纳入相应考核。学生评先评优和发展入党要考察其在寝室卫生管理和文明建设中的表现。

抓寝室卫生管理和文明建设，抓一阵子容易；长期抓，抓出成效，尤其是充分发挥育人的功能和作用，不容易。今天，我们在这里开会，我们立志持之以恒地抓好这件事，不仅要使学生寝室卫生明显改观，而且要使这方面的意识和工作内化为学生的自觉行动，内化为学校各个方面的共同追求，内化为学校始终不变的深厚文化和精神，进而促进学生在整洁愉悦的环境中健康成长，长成中国特色社会主义伟大事业的合格建设者和可靠接班人。

中共浙江省委教育工作委员会 文件
浙江省教育厅

浙教工委〔2012〕17号

中共浙江省委教育工作委员会 浙江省教育厅 关于深入开展学校文明寝室建设的通知

各高等学校，各设区市及义乌市教育局：

为认真贯彻落实省委、省政府有关工作要求，切实加强学校育人工作，为广大青少年学生健康成长成才营造良好的环境，现就开展学校文明寝室建设工作提出如下意见：

一、充分认识开展文明寝室建设工作的重要意义

学生公寓是学生在校学习期间生活、学习的主要场所。以自主活动为主要特征、以寝室为主要活动场所的公寓生活，是学生学习生涯的重要组成部分，对其世界观、人生观、价值观的形成和个性心理品质的发展都有重要影响。寝室环境状况和教育管理工作水平，直接体现着学生的精神面貌和个人素质，直接关系到学生的身心健康，直接反映了学校人才培养和校园管理水平，直接影响着学校改革发展稳定大局。近年来，各地各校认真贯彻落实中央和省委关于加强学校德育工作一系列重要文件和会议精神，推进德育工作进公寓，大力开展公寓文化建设，着力创新生活区学生工作机制，学生寝室的教育引导和管理服务工作有了一定改进和提高。但也应该看到，在一些学校的学生公寓，仍存在着不少寝室环境脏、乱、差，公寓服务设施陈旧、学生活动场地不足等问题，这已经成为一些学校教育管理工作的薄弱环节。对此，必须引起高度重视。

各地各校干部师生一定要从促进学生健康成长、提高办学水平和维护校园和谐稳定的高度，充分认识开展文明寝室建设的重要意义，大力推进德育工作和学生党团组织进公寓，不断加强寝室教育引导和管理服务体系建设，

构建起“全员育人、全过程育人、全方位育人”工作机制，为培养和造就一大批社会主义事业的合格建设者和可靠接班人打下坚实的基础。

二、准确把握文明寝室建设工作的总体要求

深入推进社会主义核心价值体系建设，贴近实际、贴近生活、贴近学生，创新内容、创新形式、创新手段，以加强寝室卫生管理为切入点，以营造寝室文化氛围为基础，以提升学生“自我教育、自我管理、自我服务”能力为重点，以完善寝室管理服务体系为保障，以促进学生健康成长成才为目标，着力建设“寝室卫生环境整洁、寝室文化氛围浓郁、寝室服务体系健全、寝室管理职责明晰”的新型学生公寓，培养学生良好的品格、操守、信仰，全面提高全省青少年学生的思想道德素质。

三、开展文明寝室建设应做的主要工作

1. 着力建设整洁有序的寝室卫生环境。各地各校要采取有效措施，坚持多途径、多形式、多管齐下抓好寝室卫生管理，切实改善寝室卫生状况，努力建设整洁有序的寝室卫生环境。

加强寝室卫生管理制度建设，制定《学生寝室卫生管理制度》《学生寝室卫生标准》等卫生管理制度，使寝室卫生管理有章可循、有据可依。完善寝室卫生工作检查评比机制，进一步健全以学工、后勤部门负责，以学生自治组织为主体的卫生检查网络体系，以“卫生寝室”“清洁寝室”“星级寝室”等评选活动为载体，对寝室卫生实行多渠道、多层次的检查评比，对“脏乱差”寝室进行跟踪整治。加强基础设施和服务设施建设，改善寝室住宿条件，高校应在公寓设立一些方便学生存储的物品集中摆放场所，为学生提供便利。加强对学生的教育引导，让学生明白“一屋不扫何以扫天下”“勿以事小而不为”的道理，将学生寝室卫生和行为表现纳入学生评价体系，促使学生将维护整洁文明寝室环境内化为自觉追求，外化为自觉行动，逐步形成一种习惯，凝练成一种素质，进而促进自身修养的提高。

2. 着力营造积极向上的寝室文化氛围。寝室文化是校园文化的重要组成部分。要将校园文化活动从教学区延伸至生活区，营造浓郁的生活文化氛围，将学生公寓建设成为融“思想教育、行为指导、生活服务、文化熏陶”于一体的第二课堂。在文化规范上，要注重公寓文化建设的科学化、人文化与多元化，建立、健全各项规章制度，把公寓文化建设纳入学生文化素质教育体系。在文化形态上，要根据公寓自身的特点，设计和组织内容丰富、形式新颖、吸引力强的思想政治、学术科技、文娱体育等文化活动，营造文明、清新、

幽雅的公寓环境，增强学生的凝聚力和对公寓的认同感、归属感。在文化导向上，要通过创建特色寝室、举办寝室文化节、寝室文化品牌评选等多种途径，培育和建设一批具有校园特色、生活气息、学生特点的公寓文化成果，引导学生践行社会主义核心价值体系，形成良好的行为规范。

3．**着力健全功能完备的寝室服务体系**。进一步加大公寓学生活动场所建设力度，完善生活区硬件及软件的功能设施配套。加强学校信息化建设，有条件的高校要在校园网上建设集教育引导与管理服务为一体的大学生网上平台。针对青少年学生的特点，在保证公寓必要生活设施的同时，倡导服务的公益性、教育性原则，为公寓开展心理辅导、就业指导和文化活动创造条件。各高校要进一步深化思想政治教育进公寓，在公寓建立起心理咨询、就业指导、学生事务办理等专门工作机构，逐步把学生工作重心从教学区转移至生活区。充分发挥学生会、研究生会等学生自治组织和学生社团的功能，充分发挥优秀学生骨干和学生党员的先锋模范作用，切实加强寝室长、楼层长等公寓学生工作队伍建设，不断健全学生“自我教育、自我管理、自我服务”工作体系。建立健全学生参与公寓日常经营管理制度，凡与学生切身利益相关事务的决策要以适当方式听取学生意见，探索有序开展维护学生权益活动的有效方式。

4．**着力完善职责明晰的寝室管理机制**。健全公寓学生工作体系，建立起由学工部门牵头，后勤、保卫等部门协助，各二级学院为主实施，校办、组织部、宣传部、团委等相关单位参与的公寓学生教育引导和管理服务机制。学校党委、行政部门要加大统筹协调力度，明确各单位之间的职责，妥善处理好管理、服务、经营之间的关系，建立起有效的沟通协调机制。坚持辅导员进驻公寓，鼓励各高校积极探索辅导员以不同方式对学生进行生活指导和生活教育的形式与载体。要大力建立干部教师联系学生寝室制度，做到每一个寝室都有一名干部教师联系，定期深入寝室开展谈话谈心工作，了解掌握学生的思想动态，及时进行教育引导，帮助他们健康成长。加强宿管员、保洁员等队伍建设，在做好服务管理的同时，增进与学生的沟通、交流和理解，对其不文明的行为予以规劝，规范学生的日常行为。加大公寓学生日常管理工作力度，通过完善学生记实考评制度、建立学生个人诚信档案等方式，将学生在公寓中的表现纳入学生考评体系。

四、切实加强对文明寝室建设工作的领导

1．**认真组织实施**。各地各校要高度重视，切实加强领导，认真组织实施，

把开展文明寝室建设作为学校育人和管理工作的重点之一，纳入重要议事日程，制定具体实施方案，加大对文明寝室建设的投入。加强统筹协调，落实工作责任，形成主要领导牵头负责，分管领导具体负责，职能部门各负其责、密切配合，广大师生共同参与的长效工作机制，深入推进文明寝室建设工作的常态化、规范化、科学化。紧密结合学生实际，改进方式方法，确保取得实效。

2．加强典型宣传。要通过广播、电视、网络等媒体，加强文明寝室建设工作宣传，动员广大干部师生积极参与，形成文明寝室建设工作的强大合力。充分发挥先进典型的示范和引领作用，积极宣传一些学校的好经验、好做法，积极宣传专业教师、辅导员、宿管员等寝室管理典型，积极宣传学生寝室和学生典型，用身边的人、身边的事教育引导青少年学生坚持高尚品行、提升道德修养，着力营造文明寝室建设工作的良好氛围。

3．强化监督检查。为进一步推进文明学生寝室建设，省教育厅专门制定了《浙江省高校文明寝室建设标准（试行）》（见附件）。实行寄宿制的高中（中职）、初中、小学文明寝室建设标准，由各设区市教育局制定。各地各高校要建立文明寝室建设自查互查制度。省委教育工委、教育厅将于今年 9 月、10 月组织检查组到各地各高校开展工作检查和评比活动。今后，每学期全省都组织抽查。各地教育行政部门组织开展文明寝室建设工作情况纳入全省教育科学和谐考核内容；各高校组织开展文明寝室建设工作情况纳入领导班子考核、党建工作考核和大学生思想政治教育工作测评体系。

各地各校要结合实际，认真研究制定开展文明寝室建设工作的具体实施意见和措施，并将文明寝室建设工作的好经验、好做法及时报我委宣教处。

附件：浙江省高校文明寝室建设标准（试行）

中共浙江省委教育工委 浙江省教育厅

二〇一二年六月

附件　浙江省高校文明寝室建设标准（试行）

一级指标	二级指标	测评内容	测评方式
1．环境卫生（40分）	1.1 公共区域（10分）	1. 楼道、楼梯、车库、地面、墙面、门窗、消防箱等公共部位及设施干净整洁。	现场查看、查阅资料、随机抽查、召开座谈会
		2. 公共厕所、盥洗间标识齐全；室内空气流通无异味；便池无污垢，隔板干净，瓷砖面洁白；墙面和天花板无灰尘无蜘蛛网；下水道畅通。	
	1.2 寝室内务（30分）	1. 寝室内务卫生管理制度及卫生值日安排表健全，寝室长工作认真负责。	
		2. 寝室内地面、墙面、床面、桌面整洁；卫生间、洗漱台干净、无污垢；门、窗、纱窗、洁净完好；阳台干净、无杂物。	
		3. 寝室内物品摆放整齐有序，整体观感好。	
		4. 个人仪表端正，服装整洁，衣着得体，举止大方。	
2．管理秩序（15分）		1. 学生公寓服务设施齐备，供配电、给排水、电梯、消防设施、灭火器材等配置齐全，按照行业规定进行年检，并确保运行良好。宿舍楼内楼道、卫生间等地有禁烟标志。	现场查看、查阅资料、随机抽查、问卷调查、召开座谈会
		2. 寝室内不使用电炉、热得快、吹风机等大功率电器；不私接乱接电线网线；注意防火，节约水电，及时熄灯；寝室成员安全防范意识强，寝室无人时及时关门。	
		3. 寝室成员遵纪守法，不带危险品、化学品、易燃易爆物品及凶器进入寝室；不留宿校外人员；服从宿管人员的安排管理；无火灾及人身伤亡事故，无违规现象。	
		4. 定期开展寝室卫生检查，每学期至少开展一次安全隐患排查，每年对管理服务人员、学生进行安全教育及消防演习；有突发事件应对预案；管理服务人员及学生能熟练掌握消防器材的使用方法，熟悉有关报警报案的电话号码和报警程序。	
		5. 加强学校卫生健康教育宣传，宿舍有固定的宣传专栏，有针对性地开展结核病、艾滋病、性病、流感等传染病防控知识的宣传教育。	
3．文化氛围（15分）	3.1 校园	1. 学校每学期至少组织开展1次寝室文化活动，丰富学生业余生活。	现场查看、随机抽查、

续表

	氛围 （5分）	2. 公寓的门厅、楼道、走廊、宣传栏、公告栏等布置突出文化氛围、有育人功能。	查阅资料、召开座谈会
	3.2 寝室文化 （10分）	1. 寝室成员人际关系和谐融洽，互帮互助，积极向上。讲文明，懂礼貌。不赌博，不酗酒，不抽烟，不打架，文明上网。	
		2. 寝室学习氛围浓厚，不沉迷电脑游戏。寝室成员学期内无旷课。积极参加集体活动。	
		3. 寝室布置高雅、舒适、美观，有浓厚的文化气息。寝室成员性情高雅，无不良兴趣及庸俗倾向。寝室成员生活习惯健康科学，按时作息，劳逸结合	
4．组织保障 （30分）	4.1 领导体制 （15分）	1. 学校主要领导关心重视，分管领导具体负责，成立相应的学生寝室管理协调机构，学校各有关部门参与，各部门职责分工明确，权限清晰。	现场查看、查阅资料、随机抽查、问卷调查、召开座谈会
		2. 有明确清晰的寝室管理工作理念和目标，将学生寝室的教育管理纳入学校工作日程并有工作部署和考核。	
		3. 学校每学期至少召开一次专门工作会议，研究解决学生寝室教育管理工作问题。	
	4.2 工作机制 （15分）	1. 建立干部教师联系学生寝室制度。全体校领导、中层干部都要联系学生寝室，确保每个寝室都有干部教师联系，定期深入学生寝室开展工作，每月每人到寝室不少于1次。	
		2. 完善公寓学生纪实考评制度，建立健全将学生在寝室中的言行表现与各类评奖评优、入党等挂钩的制度措施。	
		3. 充分发挥公寓学生自治组织作用。学生组织能有效参与寝室的民主管理、监督寝室管理工作，充分发挥学生的“自我教育、自我管理、自我服务”功能。	
		4. 加强公寓学生活动阵地建设，配套设置公寓学生活动中心、学生事务办理大厅等场所。在学生公寓区建有学习生活、党团活动、心理健康教育、公寓文化活动等工作阵地。	
		5. 各类制度、登记记录资料齐全，台账清楚。包括：公寓及寝室管理各项工作制度，寝室卫生防疫制度，住宿学生意见收集和反馈记录，公寓维修记录，卫生、安全检查记录，学生晚归记录，来客登记，借用物品登记，值班记录，失物认领及大件物品进出登记等。	

备注：考核分优秀、合格、不合格三档。得分90分（含）以上为优秀；75分（含）–90分的为合格；75分以下为不合格。

浙江省教育厅办公室文件

浙教办计〔2012〕123号

浙江省教育厅办公室关于印发《浙江省普通高等学校学生公寓配置标准》的通知

各高等学校、有关后勤服务企业（实体）：

为加强学生公寓管理，提高后勤服务能力，充分发挥学生公寓的育人作用，经研究，我厅制订了《浙江省普通高等学校学生公寓配置标准》，现印发给你们，请你们按照标准要求，指导后勤服务企业（实体），制定统一规划和年度实施计划，加大投入力度，加快改造完善公寓设施。要在住宿费收入中提取一定比例，建立学生公寓维修基金，完善经常性维修制度，确保学生公寓安全和设施设备正常运行。2012年秋季开学后，我厅将委托高校后勤协会对学生公寓逐幢进行检查验收，有关验收办法另行通知。

浙江省教育厅办公室

二〇一二年七月十三日

附件

浙江省普通高等学校学生公寓配置标准

为规范学生公寓的设施配置，改善学生公寓的管理服务，努力为学生学习生活创造良好条件，经研究，特制定本标准。

一、基础设施

（一）寝室

1. 定额标准。生均建筑面积≥ $7m^2$。每室定员：本专科生≤ 6 人，研究生≤ 4 人。

2. 房间装修。寝室地面做到防起砂、防开裂、易清洁。卫生间、盥洗室墙面瓷砖高度不低于 2 米。夜间卫生间、盥洗室有照明。每室独立配置用水用电计量表。

3. 洁具配置。每室配置垃圾篓、扫帚、畚箕、衣叉、马桶刷等。阳台配置晾衣架杆。

4. 卫生设施。凡卫生设施进居室的，须配置冲水阀 1 个、冲便器 1 个、淋浴喷头 1 个、洗脸盆 1 个；凡按楼层配置的，其公共卫生间、盥洗室，配备的设施以及数量必须符合国家规定设计规范。

5. 家具套件。每生配置床、椅（凳）、桌、柜、书架、衣帽挂钩 1 套。每室配置毛巾架（钩） 1 个、镜子 1 面。家具配置要求实用牢固且维修方便节省。

6. 电源电器。每室配备电扇 1 台，每生配置至少 1 个电源插座。

7. 信息网络。每生配备网络终端接口 1 个。

8. 供热供电。每室具备空调、热水器、饮水机安装使用管孔、插座等条件。每个寝室配置白炽灯或节能灯，保证公共照明。

（二）公寓楼

9. 建筑质量。楼宇建筑通过工程验收，符合质量标准，建设档案齐全。

10. 供电照明。楼内公共区域照明设施完好。每层配置公用电吹风插座、电吹风搁架及镜子若干。

11. 告示装置。主出入口配有电子显示屏或其他公告宣传栏。

12. 值班用房。主出入口设有值班室。值班室设有电话、学生住宿一览表。

13. 消防器材。按规定配有消防设施，并保证灭火器材性能完好。应急疏散标志明显规范。

14. 防盗安全。主出入口设有监控设备等技防设施，装有门禁系统。配备防侵入设施。一、二楼窗口（阳台）外有红外报警系统或防盗窗等设施。

（三）公寓区

15. 消防设施。建筑消防验收合格。水泵、消防栓功能完好。

16. 用电用水。用电用水设施设备安全无隐患，负荷满足公寓区水电用量。

17. 居住区间。男女生分楼或分区域居住。

18. 宣传窗牌。公寓区设有公共宣传橱窗和宣传标牌。

19. 卫生设施。公寓区设有垃圾集中投放点，配置足够数量垃圾筒（箱）。

二、服务设施

（一）公寓楼

20. 综合用房。每幢公寓配置至少一间供辅导员、班主任、教师与学生交流综合办公室以及一间辅导员值班寝室。

21. 储藏服务。每楼层按需设置学生物品公共储藏间，为学生提供换季等储物服务。

22. 日用品提供。公寓值班室应配备小五金工具、清洁用具、针线包，放置应急药箱、担架 1 付，免费供学生使用。

（二）公寓区

23. 开水供应。按需设有开水供应点。

24. 车辆停放。有规定的自行车停放处和机动车停放区域。

25. 心理咨询。按校内统一布置，按需设置心理咨询室。

26. 商业服务。按学校内统一布点，按需设置浴室、洗衣房、商店、理发店、银行网点等生活服务场所。

27. 便民服务。按需提供保险箱租赁，满足学生贵重物品保管要求。提供自行车打气、电瓶车充电插座等服务。

三、管理规范

28. 机构人员。要求设专门公寓管理部门。服务人员与住宿学生配比 0.5%— 1%。

29. 持证上岗。公寓管理服务人员要进行上岗前培训、挂牌上岗、统一着装。员工要有健康证并进行定期体检。

30. 值班制度。入住公寓的辅导员数量占住宿学生数比例≥ 2‰。每幢公寓至少安排 1 名辅导员入住。

浙　江　省　教　育　厅

浙教电传〔2012〕383号

浙江省教育厅办公室关于开展高校文明寝室建设督查工作的通知

各高等学校：

根据《浙江省委教育工委 省教育厅关于深入开展学校文明寝室建设的通知》（浙教工委〔2012〕17号）和《浙江省普通高等学校学生公寓配置标准》（浙教办计〔2012〕123号）要求（以下简称《通知》和《标准》），经研究，决定开展高校文明寝室建设督查工作，现将有关事项通知如下：

一、督查范围

全省普通高等学校。

二、督查的主要任务

全面了解各高校贯彻落实《通知》和《标准》精神，加强文明寝室建设工作的情况，特别是在贯彻落实中采取的新举措、出台的新政策、积累的新经验、推进工作的新典型，存在的主要问题及原因，以及进一步加强文明寝室建设工作的意见和建议。

三、督查的主要内容

围绕贯彻落实《通知》和《标准》精神，重点检查以下几方面工作情况：

（一）**工作体制机制建设情况**。主要包括：建立健全主要领导牵头负责，分管领导具体负责，各职能部门职责明确的组织协调机制情况；学工主导、后勤保卫协助，二级学院为主实施的管理体制建设情况；学生公寓自治组织建设情况；文明寝室建设工作的常态化、规范化、科学化以及师生共同参与的长效工作机制情况。

（二）**公寓寝室硬件设施改造建设情况**。主要包括：学校投入寝室改造建设资金情况；按照《标准》要求改造完善公寓设施情况；“四有”寝室改造建设情况。

（三）各项工作制度建设情况。主要包括：寝室卫生管理及检查评比制度情况；干部教师联系寝室制度情况；公寓学生记实考评制度情况。

（四）寝室文化育人氛围营造情况。主要包括：公寓寝室文化活动开展情况；公寓学生活动中心、学生事务办理大厅、党团活动室、心理咨询室、师生谈话谈心室等的建设情况；党团组织进公寓情况；公寓管理服务队伍的建设情况。

（五）大学生对文明寝室建设工作的满意度调查。

（六）文明寝室建设工作的特色经验做法，以及取得的成效；对进一步加强文明寝室建设工作的意见和建议。

四、督查形式

本次督查工作分三个阶段进行：

（一）**学校自查**。各高校要根据《通知》和《标准》要求，对照本次督查工作的主要内容，逐条自查，通过自查总结工作，及时发现整改问题。自查工作结束后，要认真总结，形成书面自查报告，同时按要求填报《浙江省普通高校文明寝室建设状况统计表》（附件），并于11月2日前报送至我厅宣教处。联系人：丁晓、高丽敏，联系电话：0571-88008952，88008953，电子邮箱：HTjytxjc@126.comTH 。

（二）**到校督查**。我厅将组织工作组分赴全省各高校开展工作督查，督查以听取汇报、查看资料、实地检查、人员访谈、随机抽查相结合的方式，全面检查各高校贯彻落实《通知》精神，加强文明寝室建设工作情况，并对大学生对文明寝室建设工作的满意度进行问卷调查。督查工作完成后，各工作组需将督查工作情况书面报告交宣教处汇总。工作组到校督查时间另行通知。

（三）**通报情况**。我厅根据学校自查和各工作组的督查情况，通报全省高校文明寝室建设工作情况，总结前一阶段的工作成绩和工作经验，查找存在的主要问题和薄弱环节，研究部署下一阶段的工作重点。

浙江省教育厅办公室

2012年10月22日

浙江省教育厅办公室文件

浙教办计〔2013〕13号

浙江省教育厅办公室关于印发《浙江省普通高等学校学生公寓配置标准评估细则》的通知

各高等学校，有关后勤服务企业（实体）：

为进一步推进学生公寓配置标准化，加强文明寝室建设，现将《浙江省普通高等学校学生公寓配置标准评估细则》（以下简称《细则》，印发给你们。今年我厅将重点推进标准化公寓建设，争取年底前全省高校标准化公寓比例达到85%以上。请各高校和有关后勤企业，对照《细则》要求，认真组织评估核查，在此基础上可分别于每年4月15日、10月15日前向我厅申报验收，我厅将组织验收并公布验收结果。

浙江省教育厅办公室

2013年2月19日

浙江省普通高等学校学生公寓配置标准评估细则

序号	评估项目	评估内容	分值	评分标准	评估方法
寝 室					
1	定额标准	生均建筑面积≥ $7m^2$。每室定员：本专科生≤ 6 人，研究生≤ 4 人。	25	生均建筑面积每少 0.5 平方米扣 5 分；每室超 1 人扣 5 分。	查阅资料及现场查看
2	房间装修	1. 寝室地面做到防起砂、防开裂、易清洁；2. 卫生间、盥洗室墙面瓷砖高度不低于 1.8 米；3. 夜间卫生间、盥洗室有照明；4. 每室独立配置用水、用电计量表。	9	第一项未达标的扣 3 分，其他每一项未达标扣 2 分。	现场查看
3	洁具配置	每室配置垃圾篓、扫帚、畚箕、衣叉、马桶刷各 1 份；阳台配置晾衣架杆。	12	每少配置一项物品扣 2 分。	现场查看
4	卫生设施	凡卫生设施进居室的，须配置冲水阀 1 个、冲便器 1 个、淋浴喷头 1 个、洗脸盆 1 个；凡按楼层配置的，其公共卫生间、盥洗室，配备的设施以及数量必须符合国家规定设计规范。	8	每少配置一项物品扣 2 分；凡按楼层设置公共卫生间、盥洗室的，未达设计规范的，楼层所在寝室都扣 8 分。	现场查看
5	家具套件	每生配置床、椅（凳）、桌、柜、书架、衣帽挂钩 1 套。每室配置毛巾架（钩）1 个、镜子 1 面。家具配置要求实用牢固且维修方便节省。	16	每少配置一项物品扣 2 分。	现场查看
6	电源电器	每室配备电扇 1 台，每生配置至少 1 个电源插座。	10	未配电扇扣 5 分。若安装空调的寝室或配有吊扇等降温项目的此项不扣分；生均电源插座少 1 个扣 1 分。	现场查看
7	信息网络	每生配备网络终端接口 1 个。	10	每少 1 个端口扣 2 分（如寝室内满足无线上网要求的不扣分）。	现场查看
8	供热供电	每室具备空调、热水器、饮水机安装使用管孔、插座等条件。每个寝室配置节能灯，保证公共照明。	10	每少配置一项扣 2 分。	现场查看
9	加分项目	根据“四有”要求，在基准标准基础上有增加的内容。	10	增加 1 个套件加 5 分，最高加 10 分。	现场查看
	小计		110	寝室得分在 100 分及以上者为达标寝室。85% 及以上寝室达标的公寓楼才能参评标准公寓楼。	

公寓楼					
10	建筑质量	楼宇建筑通过工程验收，符合质量标准，建设档案齐全。	10	未验收合格的不得参评标准化公寓（一票否决）。	查阅资料
11	供电照明	1. 楼内公共区域照明设施完好；2. 每层配置公用电吹风插座、电吹风搁架及镜子若干。	6	每少配置一项扣 3 分。	现场查看
12	告示装置	主出入口配有电子显示屏或其他公告宣传栏。	8	未配置扣 8 分。	现场查看
13	值班用房	1. 主出入口设有值班室。2. 值班室设有电话、学生住宿一览表和值班记录台账。	10	未配置值班室扣 4 分；每少配置“2”中一项扣 2 分。	现场查看
14	消防器材	1. 按规定配有消防设施，并保证灭火器材性能完好；2. 应急疏散标志明显规范。	10	每少配置一项扣 5 分。	现场查看
15	防盗安全	1. 主出入口设有监控设备等技防设施，装有门禁系统；2. 配备防侵入设施。一、二楼或有架空层的一楼窗口（阳台）外有红外报警系统或防盗窗等设施。	10	每少配置一项扣 5 分。	现场查看
16	消防设施	1. 建筑消防验收合格；2. 水泵、消防栓功能完好。	10	建筑消防未验收合格不得参评（一票否决）；每少“2”中一项扣 5 分。	现场查看
17	用电用水	用电用水设施设备安全无隐患，负荷满足公寓区水电用量。	10	每少达到用水或用电标准中一项扣 5 分。	现场查看
18	居住区间	男女生分楼或分区域居住。	6	未做到扣 6 分。	现场查看
19	综合用房	每幢公寓配置至少 1 间供辅导员、班主任、教师与学生交流用的综合办公室以及 1 间辅导员值班寝室。	10	每少配置 1 间扣 2 分。	现场查看
20	储藏服务	每幢楼按需设置学生物品公共储藏间，为学生提供换季储物等服务。	10	未配置扣 10 分。寝室内（主要是四人间）能满足学生储物需要的不扣分。	现场查看
21	加分项目	空调和热水供应进寝室的公寓楼各加 10 分。	20	做到一项加 10 分。	现场查看
	小计		120	公寓楼得分在 100 分及以上者为达标公寓楼。85% 及以上公寓楼达标的公寓区才能参评标准公寓区。	

公寓区					
22	宣传窗牌	公寓区设有公共宣传橱窗和宣传标牌。	8	每少配置一项扣 4 分。	现场查看
23	卫生设施	1. 公寓区设有垃圾集中投放点； 2. 配置足够数量垃圾筒（箱）。	10	每少配置一项扣 5 分。	现场查看
24	日用品提供	值班室应配备小五金工具、清洁用具、针线包、应急药箱等免费供学生使用。配备担架 1 副（由经专业培训的人员使用）。	10	每少配置一项扣 2 分。在公寓区内设有医疗卫生机构能提供紧急救援服务的，此项不扣分。	现场查看
25	开水供应	按需设有开水供应点。	8	未配置扣 8 分。	现场查看
26	车辆停放	有规定的自行车停放处和机动车停放区域。	6	每少配置一项扣 3 分。	现场查看
27	心理咨询	按校内统一布置，按需设置心理咨询室。	6	未配置扣 6 分。	结合校区布置情况，现场查看
28	商业服务	按校内统一布点，按需设置集体浴室、洗衣房、商店、理发店、银行网点等生活服务场所。	10	每少配置一项扣 2 分。热水已经进寝室的不扣分。	结合校区布置情况，现场查看
29	便民服务	按需提供保险箱租赁，满足学生贵重物品保管要求。提供自行车打气、电瓶车充电插座等服务。	6	每少配置一项扣 2 分。	现场查看
30	机构人员	要求设专门公寓管理部门。服务人员与住宿学生配比 0.5%—1%。	10	未设立专门公寓管理部门扣 5 分，服务人员配比低于标准扣 5 分。	查阅资料及现场查看
31	持证上岗	公寓管理服务人员要进行上岗前培训、挂牌上岗、统一着装。员工要有健康证并进行定期体检。	10	每少做到一项扣 2 分。	查阅资料及现场查看
32	值班制度	入住公寓的辅导员数量占住宿学生数比例≥ 2‰。每幢公寓至少安排 1 名辅导员入住。	6	入住比例未达标扣 3 分，每幢少于 1 名入住扣 3 分。	查阅资料及现场查看
33	维修基金	从学生住宿费收入中提取 5%—10% 的比例建立学生公寓维修基金。	10	未达到规定比例的扣 10 分。	查阅资料
	小计		100	90 分及以上的为标准公寓区。	

中共浙江省委教育工作委员会
浙　江　省　教　育　厅　文件

浙教工委办〔2014〕5号

中共浙江省委教育工作委员会办公室
关于学习贯彻落实省委领导重要批示精神
进一步抓好高校文明寝室建设工作的通知

各高等学校：

2014年4月16日，省委书记夏宝龙同志在省教育厅报送的《健全体制、创新机制，全面深化文明寝室建设》信息专报上作出重要批示，指出这件事要好好总结，而且要坚定不移地抓下去，小小寝室，反映学生教育的万千气象。省委常委、宣传部长葛慧君同志也作出批示，指出这项工作抓了两年，效果不错，要总结一批典型坚持抓下去，使高校寝室成为我省高校德育的一大品牌。

夏宝龙书记、葛慧君部长的重要指示，充分体现了省委对大学生健康成长的高度重视和殷切希望，对进一步做好文明寝室建设提出了要求。为全面贯彻落实夏书记、葛部长的批示精神，坚持不懈地深入抓好文明寝室建设，使之成为培育践行社会主义核心价值观的具体行动和我省校园文化建设的亮丽品牌，为大学生健康成长营造良好氛围，现就进一步抓好高校文明寝室建设通知如下：

一、进一步增强做好文明寝室建设工作的自觉性和责任感

各高校要认真学习、深刻领会、准确把握省委领导的重要批示精神，进一步增强做好文明寝室建设工作的自觉性和责任感。既要看到已取得的成绩，更要善于发现工作中存在的差距和不足；既要加大投入，改善硬件设施，更要注重体制机制建设，着力建立起与学生发展需求相适应、与现代大学建设相配套的公寓学生思想政治教育工作体系。

二、采取有效措施全力深化文明寝室建设

按照紧扣育人主题，突出长效机制建设，在巩固已有成果的基础上全面

深化的总体要求，重点抓好以下工作。

（一）推进学生公寓的标准化建设。对照全省标准化学生公寓比例要达到 95% 的目标，尚未达标的高校，要制订建设计划，加大投入力度，尽快达到标准化建设的要求。省教育厅也将加大督促指导力度，对规定期限仍未提出申请的高校将适当调减招生计划。

（二）健全公寓学生工作体系。在总结前期工作的基础上，进一步创新工作机制，整合现有工作资源，推进学生工作向公寓延伸，在公寓加快建立起学生事务管理、心理辅导、就业指导、学业指导、人生指导等发展性指导工作机制。今年，省教育厅将分片组织召开学生公寓工作现场会，开展工作交流及检查。

（三）完善教师指导学生生活工作体系。重点将公寓学生成长指导纳入学校人才培养计划之中，制订教师指导学生成长工作规范，建立起与课堂教育相配套的目标体系，形成从课内到课外相互衔接的学生培养机制。改进和强化公寓学生自治组织建设，充分发挥学生自我教育、自我管理、自我服务的作用，逐步建立起教师指导下学生自主发展的促进大学生成长成才工作体系。今年，省教育厅将征集评选一批教师进公寓工作案例，向全省高校和教师推广，引导广大教师投身公寓学生指导工作。

三、切实加强对文明寝室建设的统筹协调力度

各地各校要结合党的群众路线教育实践活动，加强统筹协调，落实工作责任，形成主要领导牵头负责，分管领导具体负责，职能部门各负其责、密切配合，广大师生共同参与的长效工作机制，深入推进文明寝室建设工作的常态化、规范化、科学化。充分发挥先进典型的示范和引领作用，积极宣传专业教师、辅导员、宿管员等寝室管理典型，积极宣传学生寝室和学生典型，用身边的人、身边的事教育引导大学生坚持高尚品行、提升道德修养，着力营造文明寝室建设工作的良好氛围。要重视学生毕业离校、新生入学等关键时段，做到工作力度不减、标准不降，切实巩固文明寝室的建设成果。各高校 2014 年文明寝室建设工作计划及学习贯彻省委领导重要批示情况，请于 5 月 15 日前发送至省委教育工委宣教处。

中共浙江省委教育工作委员会办公室

2014 年 4 月 30 日

后　记

浙江省以深化大学生文明寝室建设为抓手，大力推进学生德育工作。经过两年多努力，全省高校学生公寓生活设施不断改善，公寓学生工作机制进一步健全，公寓文化氛围更加浓郁，学生在生活中的正能量不断积聚，“一屋不扫何以扫天下”已成为全省高校广大师生的共识，浙江省创建文明寝室的力举得到全国高校的共鸣和响应。

自 2012 年 5 月时任浙江省省长、现浙江省委书记夏宝龙，在杭州电子科技大学提出大学生文明寝室创建活动以来，全省高校积极响应，开展了一场轰轰烈烈的学生公寓文明创建活动。省教育厅先后出台了《浙江省普通高等学校文明寝室建设标准》《浙江省普通高等学校学生公寓配置标准》和《浙江省普通高等学校学生公寓配置标准评估细则》等文件，对学生公寓的基础设施、服务设施、管理规范等进行了详细的规定。据统计，3 年来全省各高校累计投入 10 多亿元，按照《浙江省普通高等学校学生公寓配置标准》对学生公寓进行维修改造。省教育厅先后派出 10 余个督查组对相关高校进行文明寝室建设督查指导；受教育厅委托，省教育后勤协会先后组织了 20 余个专家组对相关高校公寓标准化配置进行评估。截至目前，全省已有 85 所高校通过了学生公寓区、公寓楼和寝室的标准化配置验收，标准化学生公寓比例达到 98% 以上。

2014 年 4 月 16 日，省委书记夏宝龙同志在省教育厅报送的《健全体制、创新机制，全面深化文明寝室建设》信息专报上做出重要批示，指出“这件事要好好总结，而且要坚定不移地抓下去，小小寝室，反映学生教育的万千气象”。省委常委、宣传部长葛慧君同志也做出批示，指出“这项工作抓了两年，效果不错，要总结一批典型坚持抓下去，使高校寝室成为我省高校德育的一大品牌”。2016 年 1 月 12 日，葛常委在省教育厅呈送的本书样稿中，又批示“这项工作以小见大，时效明显，要坚持抓下去，文明校园要从文明寝室抓起”，并为本书作序。这充分体现省委领导对大学生健康成长的高度重视和殷切希望，也是对本书编纂人员的极大鼓舞。

由于篇幅和时间的限制，本书只收集了 35 所高校的工作亮点和创建成果，肯定还有很多做得很好的学校未编入册，敬请见谅。

本书取名为《一室寓我情》，除真实反映全书内容外，更是体现了政府各级领导对高校学生的体察之情、各校教职员工对学生的关爱之情和广大高校学生自身的倾心打造之情。“我”也就从不同的角度分别代表了三个不同的层面，充分体现了各方在高校文明寝室创建前后所倾注的热情、心血和希望。

在本书的出版过程中，浙江省教育厅给予大力支持；浙江省教育后勤协会理事会、各高校会员单位、省教育后勤协会秘书处、省教育后勤信息网提供了大量信息资料和各种帮助；浙江工商大学周伟忠老师为本书的编纂付出辛劳，在此一并表示感谢！

由于编者水平和时间的局限，书中的缺陷和不足在所难免，敬请读者和专家批评指正。

编　者

2016 年 4 月 18 日